用思维导图读懂父母语言

李少聪 著

辽宁人民出版社

图书在版编目（CIP）数据

用思维导图读懂父母语言 / 李少聪著. — 沈阳：辽宁人民出版社，2024. 7. — ISBN 978-7-205-11209-7

Ⅰ. G78

中国国家版本馆CIP数据核字第20247SM279号

出版发行：辽宁人民出版社

地址：沈阳市和平区十一纬路25号　邮编：110003

电话：024-23284325（邮　购）　024-23284300（发行部）

http://www.lnpph.com.cn

印　　刷：北京君达艺彩科技发展有限公司

幅面尺寸：170mm × 240mm

印　　张：11

字　　数：120千字

出版时间：2024年7月第1版

印刷时间：2024年7月第1次印刷

责任编辑：陈　昊

封面设计：天下书装

版式设计：北京胜杰文化有限公司

责任校对：刘再升

书　　号：ISBN 978-7-205-11209-7

定　　价：58.00元

前言
PREFACE

美国著名儿童学家阿黛尔·法伯说："永远不要低估你的话对一个孩子一生的影响力。"父母对孩子说过的话，都会深深地刻在孩子的脑海里，在潜意识里影响孩子的性格形成和心理健康。

网上有这样一个视频：母亲节，女孩兴致勃勃去买了一束鲜花，还用心地给妈妈写了祝福贺卡。可是，当她满怀期待地把花和贺卡送给妈妈时，妈妈不仅没有感动，反而质问她："你哪儿来的钱买花？"女孩说是用自己省下来的零花钱买的，妈妈又斥责她学别人乱花钱，心思不用在学习上。女孩被灰头土脸地骂了一顿之后，抹着眼泪回自己的房间去了。

女孩捧出给妈妈满满的爱，换来的却是一顿冷冰冰的训斥，该有多失落？多伤心？

李玫瑾教授说："毁掉孩子一生的杀手，不是游戏，不是贪玩，而是父母的语言暴力。"来自父母的语言暴力，会使孩子变得自卑、冷漠，甚至封闭自我，他们的智商和情商也都会受到影响。

所以父母一定要对自己的语言负责，不要用语言伤害孩子，而要用语言为孩子构筑起一座坚实的堡垒，学会用积极、正能量的语言和孩子沟通。

面对孩子写作业时敷衍的态度、缓慢的进度，很多父母忍不住就会大吼大叫，责骂孩子太笨，甚至对孩子动手。陪写作业其实也可以"母慈子孝"，我们先要把写作业的主动权还给孩子，比如，问孩子想先完成哪一科的作业，或者跟孩子一起讨论作业计划。

孩子写作业的时候，要多鼓励，少纠正。父母看到一点儿错儿就立即纠正，只会让孩子变得不耐烦，发脾气，充满挫败感。孩子写错，有不会的题，才是正常的。允许孩子出错，父母不会那么焦虑，孩子也才能在错误中吸取经验。

有的孩子人际交往能力差，情商不高，比如不懂礼貌，不愿打招呼，对此，有的父母可能会当着别人的面批评自家孩子“没礼貌”，但越这样孩子就会越畏缩。交往的能力并非天生，父母可以在日常生活中引导孩子掌握必要的与人相处的技巧。比如，家里来客人了，可以将其正式介绍给孩子，感受到被重视和被尊重的孩子，会更愿意和客人打招呼。

孩子有一个成长阶段很棘手，那就是叛逆期，小脾气一点就着，一言不合就生气，这个时候父母又该怎么办呢？以暴制暴只会让孩子更加逆反，甚至会让孩子冲动行事。父母要做的是站在孩子的角度，关注孩子在成长的过程中所遇到的问题，先共情再找解决问题的办法。比如，“我知道你现在很生气，换作我也一样会生气”“这个对你来说是有点难了，我们先去休息一会儿”。

有一个比喻很贴切，说家庭就是复印机，父母是原件，孩子是复印件。父母如果暴躁易怒，孩子也容易用冲动暴力的手段表达自己；父母如果理智温和，孩子就能更加平和地看待自己遇到的问题。

本书一共选择了 42 个最令父母头疼的场景，不仅让父母认识到，错误的语言方式会给孩子带来伤害，更别具一格地用思维导图的形式给出了正确话术，方便父母直接套用到适合的场景中去。

目录

CONTENTS

第1章 陪写作业，不吼不叫不崩溃

第2章 如何正确鼓励和表扬孩子

第3章 这样培养高情商会说话的孩子

第4章 如何帮孩子改掉坏习惯

第5章 如何与叛逆期的孩子对话

第6章 孩子外出，不听话怎么办

第7章 教孩子学习处理坏情绪

第1章

陪写作业，不吼不叫不崩溃

孩子写作业各种拖拉磨蹭

好不容易把孩子赶到课桌前，拿出课本、作业本……但接下来上演的不是唰唰唰写作业，而是削铅笔、找橡皮、喝水、上厕所、眼睛疼……最后是骂声、哭声、拍桌子声……

情景回放

每天吃完晚饭，是陪女儿写作业的时间。但常常是一个小时过去了，她作业也没写几个字。她看起来是在书桌前忙着，可实际上忙的都是与做作业无关的事，不是玩文具，就是发呆，要不就渴了、饿了……

我忍住怒火，三番五次地提醒她不要玩了，赶紧写，但也就管用两分钟。两分钟后，照旧。写一次作业，真的能把我气死！说真的，我现在晚上宁愿在单位加班，也不想回家。

——二年级学生心瑜妈妈

诊断小档案

孩子写作业为什么磨磨蹭蹭?

- 没有时间观念
- 自控力差
- 贪玩
- 因为写完学校的作业，还有妈妈牌作业

千万不要这样说

命　令

“你必须在一个小时之内完成作业。”

“你完不成作业晚上就别想睡觉！”

引发逆反和反抗：用命令来逼迫孩子执行，会让孩子感到被限制、被压制，以至于用拖着不做来反抗。

催催催

“你能不能写快点儿？再拖拖拉拉，就10点了。”

“还没写完吗？怎么这么慢？”

“别发呆了，你准备拖到什么时候？！”

越催越慢：催得多了，孩子就会对催促产生免疫，以致充耳不闻。他会想：嗯，妈妈刚开始催，看来时间还早，还可以玩一会儿。慢慢地，催促的大人和磨蹭的孩子在无意识中形成了默契：不催——不动；小催——小动。孩子和父母展开拉锯战，结果当然是父母越催，孩子越慢。

催促+发怒

“再磨磨蹭蹭，就给我滚出去！”

“你是想气死我吗？！”

“我看你是屁股痒了吧！”

引发恐惧不安：尖锐、刺耳的怒骂声，会让孩子恐惧不安。到了青春期，孩子原本就不稳定的情绪，很容易被点燃，继而和父母发生争吵。

学会察言观色：如果孩子本身比较敏感，就可能学会察言观色。只要父母语气稍有不对，或者无意间叹一口气，孩子都会一脸惊恐。如果孩子只顾着关注父母的语气、脸色和嗓音变化，那么哪里还顾得上写作业？

这样说会更好

闲谈交流+任务规划

放学后，父母可以和孩子闲聊几句，问问孩子今天有什么有趣的事，和同学相处得如何。如果孩子主动分享学校的事，父母可以趁机夸夸他。比如孩子说“今天同学送了我一张卡片”，那就夸卡片漂亮，夸孩子人缘好……

感觉到被重视的孩子，心情也会好起来。趁着他心情愉悦，可以顺便问问他今天的作业情况，然后再问问他怎么安排……如果担心他写作业时间太晚，可以用奖励诱惑：“如果 8 点之前写完，你还可以玩 1 个小时。”

当孩子开开心心地认可了写作业这件事，回家后就会主动开始写作业。

提醒一次

坚持“提醒一次”的原则，绝不多说。因为提醒的次数越多，就越廉价。孩子会在父母说第四次的时候，选择性屏蔽掉父母的提醒，认为自己根本不需要听。父母不断重复和提醒是在给孩子传递这样的信息：他不需要你们一开口就立即行动。

鼓励孩子使用计时器

计时器可以让孩子有一个明确的时间概念，比如逐渐了解写一页字需要多长时间，做一页计算题需要多长时间。慢慢地，孩子就能学会时间管理。另外，计时器也能培养和提高孩子的专注力，避免孩子一边玩一边写。

遵守时间约定

不妥协，对父母、对孩子可能都很痛苦，但如果有了第一次拖延，就会有无数次，而且会越拖越晚。父母如果发现孩子磨蹭，可以给孩子一点儿鼓励，如，“妈妈知道你半个小时肯定能完成”“你是个行动迅速的孩子，这是你的优点”，孩子会自觉加快速度。

- 孩子写作业拖拉磨蹭
  - 预防拖延
    - 如果你能在8点之前写完，妈妈可以陪你玩扑克牌
    - 等你写完作业，我们玩小侦探游戏，好吗
  - 郑重交权
    - 交出时间权
      - 从今天开始，你自己来安排时间完成作业，好不好
      - 你是放学回家5点半开始写作业，还是玩半个小时，6点开始写
    - 交出顺序权
      - 你是打算先写容易的还是先写难点的
      - 你准备先写语文作业，还是英语作业
    - 明确责任
      - 如果你不想写，或者写不完，必须自己找老师解释
  - 提醒一次
    - 时间提醒
      - 你是打算6点开始写作业吗？现在6点5分了
    - 行为提醒
      - 把手里的橡皮放下
      - 你已经喝了水，去了厕所，现在开始不许做其他和学习无关的事情了
  - 鼓励使用计时器
    - 番茄钟
      - 这个番茄钟送你，它可以帮你计时写作业
    - 闹钟
      - 我去做饭了，你定个闹钟提醒你写作业可以吗
  - 严格遵守约定
    - 现在到睡觉的时间了，你作业没写完，也不可以再写了
    - 没有写完的作业，你可以明天早点起来写

孩子遇到不会的就喊“妈”

大概是妈妈总是陪伴在身边，很多孩子养成了动不动就喊“妈”的习惯。这个字怎么写，那个题目看不懂，反正就是不愿意自己动手查一查，也不肯自己动脑想一想。

情景回放

由于幼小衔接做得不够好，儿子上一年级了，还不认识多少字。写作业就成了老大难，我得一道题一道题帮忙念。好不容易熬到二年级，我就想放放手，先让他自己写，写完我再帮忙检查。

但从此，他就化身为呼叫器，一会儿喊：“妈妈，这个字怎么念？”一会儿喊：“妈妈，这个字怎么写？”“妈妈，这个题怎么算？”……召唤声就如魔音绕耳，而且他问的问题重复性很高，简直一点儿脑子也不动，真是烦透了！

——二年级俊浩妈妈

诊断小档案

孩子为啥一写作业就喊“妈”？

- 嫌麻烦，不愿意使用查询工具
- 作业不会做，懒得思考
- 题目看不懂

千万不要这样说

直接给答案

"这个题的意思是……"

"这个字这么写……"

"'忽然闭口立'的上一句是'意欲捕鸣蝉'。"

剥夺孩子学习的机会：心理学家皮亚杰说："每当我们告诉孩子一个答案，就剥夺了孩子一次学习的机会。"

产生思维惰性：每次都能轻而易举地得到答案，会让孩子连最简单的问题也懒得思考，对那些看起来比较长或者难的题目就更加抵触了，有时只是瞄一眼，根本没有认真阅读，连题目都没有看清，更没有认真思考，就立即去求助父母。

生气拒绝

"我不知道。"

"别问我，我也不会。"

情感能力发展受阻：如果孩子的求助每次收到的都是父母冷漠的回应，孩子就会怀疑父母不爱自己了，从而更难承受学习上的压力。而如果孩子能从父母那里得到温暖的回应，也就是情感上的支持，就会增加自己的心理弹性。

导致轻易放弃：父母的拒绝，会让孩子感觉很受伤，进而不愿意努力去找答案，只想放弃。

挖苦讽刺

"你连这么简单的题都不会？幼儿园都学过了。"

"论玩你是第一名，学习咋就这么渣呢？"

导致敏感自卑：父母的挖苦，会让孩子不再轻易向父母求助，但又非常担心做错了被父母挖苦。当孩子通过自己的努力找到了对的答案，仍然不会轻易相信自己是对的，会忍不住去怀疑自己，变得非常自卑。

这样说会更好

推荐查询工具

有的孩子就是嫌麻烦，懒得使用查询工具。对此，父母可以从和孩子一起查找工具书开始，慢慢引导孩子向独立查找过渡。或者和孩子进行比赛，看谁查字典比较快，激发孩子使用字典的兴趣。

用问题启发思考

在问题的循循善诱下，孩子会理清思路，找到答案，从而大大增强学习的成就感和提高自信。

父母在引导的过程中，要多多鼓励孩子开口。比如，当孩子问“南辕北辙”这个成语怎么解释时，可以问问他知不知道这个成语故事。如果他知道，可以让他讲一讲；如果他不知道，那就给他讲一讲。

鼓励大声读题

读题的过程就是思考的过程，一般一道题读了两遍，孩子可能就叫着：“哦，我会了。”

如果孩子没有弄懂题意，或者审题不清，可以先让孩子把题目大声读一遍。一遍不行，就再读一遍。孩子在读题的过程中豁然开朗，他所获得的乐趣，要远远高于父母直接给答案。

适当示弱

示弱也要有分寸，一是要真诚，让孩子感觉父母是真的不会，而不是故意假装；二是要把控事情的难易程度，确保让孩子解决的问题符合他的能力和年龄段，这样才能避免打击孩子的自信心，让孩子从解决问题的过程中获得满足感，进而做得更好。

- **孩子写作业总喊『妈』**
  - **推荐查询工具**
    - 教材知识查询工具
      - 语文不会的字词，查字典
      - 英语不会的单词，查词典笔
      - 数学公式没记住，查定律公式手册
    - 课外知识查询工具
      - 这是一本十万个为什么，以后有什么不懂的，可以问它
  - **用问题启发思考**
    - 学余数
      - 把10个苹果分给3个人，如果每个人得到的一样多，怎么分呢
    - 学立体图形
      - 你看这个牛奶箱，数一数，它有几个面？
      - 正方体的六个面和长方体的六个面，你觉得有什么不同
    - 学成语
      - 你知道“画蛇添足”的故事吗
      - 你觉得这个刻舟求剑的人能找回他的宝剑吗？为什么
  - **鼓励大声读题**
    - 鼓励自己读
      - 能麻烦你读一遍题，我听听吗
      - 你哪里没看懂
    - 和孩子共读
      - 我们再来读一遍题目，注意看这句
      - 题目有点长，我们再读一遍，把信息点记下来
  - **适当示弱**
    - 请孩子教自己
      - 这道题妈妈也不会解，你能学会了，教教妈妈吗
    - 坦承自己不会
      - 英语语法是我的弱点，你有什么好的学习方法吗

孩子总犯同样的错

一个简单得不能再简单的题目，父母反复给孩子讲了很多遍，还是写错。明明是刚刚学过的知识点，却一问三不知。看着孩子错误百出的作业，父母的第一反应往往是立马纠正孩子的错误，结果孩子却屡教不改。

情景回放

孩子总是写错字，要么多写一笔，要么少写一笔，教他很多遍，他都记不住。很简单的乘除法运算，乘法口诀明明背下来了，但算的时候总是写错。竖式计算也是，相同数位对齐，我给他演示了好多遍，他算的时候，仍然是弄错位。也不知道他是真不会，还是故意的。在辅导他功课这件事情上，我真的心力交瘁，只能和他爸爸轮换着来，真怕自己像网上的那些妈妈，被气出心脏病，做心脏搭桥手术。

——三年级云烁妈妈

诊断小档案

孩子写作业为何屡教屡错？

- 大脑的前额叶发育未完善
- 视觉空间感发育不良，总把字写反
- 对知识概念掌握不牢
- 粗心马虎

千万不要这样说

随时纠正

“这个字写错了，擦了重写！”

“再算算，这个得数不对。”

“你这个思路不对啊……”

破坏专注力：父母随意纠正错误，打断孩子写作业，会破坏孩子的专注力，时间长了会让孩子养成写作业不认真的坏习惯。

引发抵触情绪：父母不断指出错误，会让孩子感到沮丧和失落，进而对作业产生厌恶和抵触情绪。

对父母产生依赖：本来检查作业是否有错以及改错都是孩子自己的事，而父母的越位会让孩子觉得反正父母会帮自己改错，对作业就愈加不上心了。甚至如果因为家长哪天没有检查，孩子被老师批评后还会怪罪父母。

大声斥责

“说八百遍了，就是记不住，怎么回事？”

“不是刚刚给你讲过吗？怎么又忘了？”

“这道题和刚才那道题不是一样吗？”

担心写错而不敢写：孩子写错了，本能的反应就是逃避和恐惧。如果父母大声斥责，只会严重强化孩子的内疚、惊慌、恐惧。孩子会觉得自己没有能力写好，在之后的学习过程中，也会变得更加谨慎和保守，就算脑子里有思路，也不敢去尝试，担心写错了挨批评。

这样说会更好

保持沉默，等作业完成再督促检查

父母辅导孩子作业，最好不要盯着孩子的作业本，可以在旁边看书或者自己把题目做一遍，哪怕发现孩子写错了，也要忍住别吱声，等到孩子完成这项作业时再检查。

这里要注意，要先让孩子自行检查。但仅仅是对孩子说“你自己检查一遍”，并不能让孩子顺利地发现错误。父母可以教孩子使用对的方式检查，弄明白哪里错了，为什么错了。

比如检查计算题用反向演算法，即用乘法来演算除法，判定自己的答案是否正确。尤其要教孩子重点检查做题时不确定、犹豫的题目。如果孩子仔细检查后，仍然没有发现错误，父母再给予点拨和提示哪里有错。

培养规范的书写习惯

一些孩子因为视觉空间感发育不良，会把字写反，而且屡教屡错，令人恼火。这时候父母应更耐心地指导和提醒。父母可以给孩子准备个小黑板，让孩子一边写字，一边大声念出来，养成正确的书写习惯。也可以给孩子准备书法练习本，让孩子按照示范的笔画连线，进行数字和简单汉字的书写训练。

教孩子正确使用错题本

孩子的时间宝贵，让错题本的整理不拘一格，变得容易，才更容易坚持下来。同时，父母也要督促孩子每周对错题进行再巩固，而不是抄完题目就不管了。有教育专家说：“一道题目，至少要接触 6 次以上，并且每次都进行了思考，才会熟悉并产生记忆。”可见，反复犯错有时候并不是因为孩子不用心，而是熟练度不够。

- 孩子反复犯同样的错
  - 完成后监督检查
    - 通用检查法
      - 写完了，你检查一遍，看看有没有漏做的、看错的
      - 重点检查检查你刚才不太会的、有点犹豫的题目
    - 不同科目检查法
      - 数学
        - 应用题，你再读一遍题目，看看自己列的式子对不对
        - 这些计算题，你用验算法检查
      - 语文
        - 看拼音写汉字，你再拼一遍看看有没有错
  - 培养规范的书写习惯
    - 自我能力发展不足
      - 这个字挺难写的，别着急，慢慢来
      - 这种题目，我记得我三年级的时候还算错呢，做多了就会了
    - 视觉空间感发育不良
      - “3”这样写，你在黑板上写写试试
      - b的圆圈在右边，圆圈在左边的是d
      - 你把这些小黑点连一连，看看是数字几
  - 教孩子正确使用错题本
    - 整理错题本
      - 你可以把错题拍照打印出来，或者裁剪下来，贴在错题本上
      - 错题涉及的知识点，你可以用红色笔写旁边
    - 使用错题本
      - 这些错题都是你捡的宝贝，周末可以花点时间看看
      - 错题本里的题目至少要单独练习6遍，才能练会、练透

孩子作业敷衍了事

放学后，孩子很快就把作业写完了。你暗自欣喜中，拿起作业一看，不仅字迹潦草得难以辨认，而且还有超高的错误率……这哪里是写作业，根本就是应付差事！

情景回放

孩子的那个作业，我都不忍心看，字迹龙飞凤舞就不说了，关键是有些题连题意都没看清，就开始写。四位数的计算题，也懒得用笔算，都是心算，不管对不对，答案写上就算完事。

每次，我叮嘱他“好好写”“认真点”，他嘴上答应得好好的，手上还是随便写写，应付了事。写完也不检查，往书包里一丢，就跑出去玩了。

——三年级恩齐妈妈

诊断小档案

孩子写作业为什么敷衍？

- 不想写，但老师说检查，随便写写算了
- 被爸爸妈妈逼着写的，糊弄下完事
- 作业量大，没有耐心
- 不会写，也懒得问，瞎写一通

千万不要这样说

罚抄罚写

“撕掉，重写，写不好不许玩。”

“这个字又错了，现在给我写 20 遍！”

不能解决根本问题： 如果是孩子不会做的题，就算重写了也还是不会写。

撕作业本

“你不是不想写作业吗？那就干脆别写了。”

“好好写，再写不好，我接着撕。”

产生学习障碍： 作业本被撕，就像孩子的衣服被扯破，会让孩子又羞又怒，在内心留下阴影，对写作业这件事产生心理障碍。

这样说会更好

保证时间

完成作业时间不能太快也不能太慢，太快容易潦草，太慢容易拖拉。父母可以和孩子一起摸索完成每一样作业需要的时间。

如果是假期，一定要提前做规划，这样会防止孩子临近开学狂补作业。

制定写作业标准

从孩子上一年级开始，父母就要明确要求作业的标准。这一标准不仅包括完成时间，还包括质量，以及握笔姿势、坐姿等。

夸奖+建议

看到孩子潦草的作业，父母还能有心情夸？没心情也得想办法夸。父母可以夸孩子写作业比较主动，都不用催。夸孩子某道题写对了不容易，某个字的结构写得很清晰……总之要把孩子夸得心生愧疚。最后，父母再貌似不经意地提点建议，比如“再整洁一点儿”“再检查一遍”等。

培养孩子练字的兴趣

汉字自诞生流传到今天，背后有很多有趣的故事，可以给孩子讲一讲。比如，一个人累了，倚靠在树木旁，就是休息的“休”。借此激发孩子练字的兴趣。

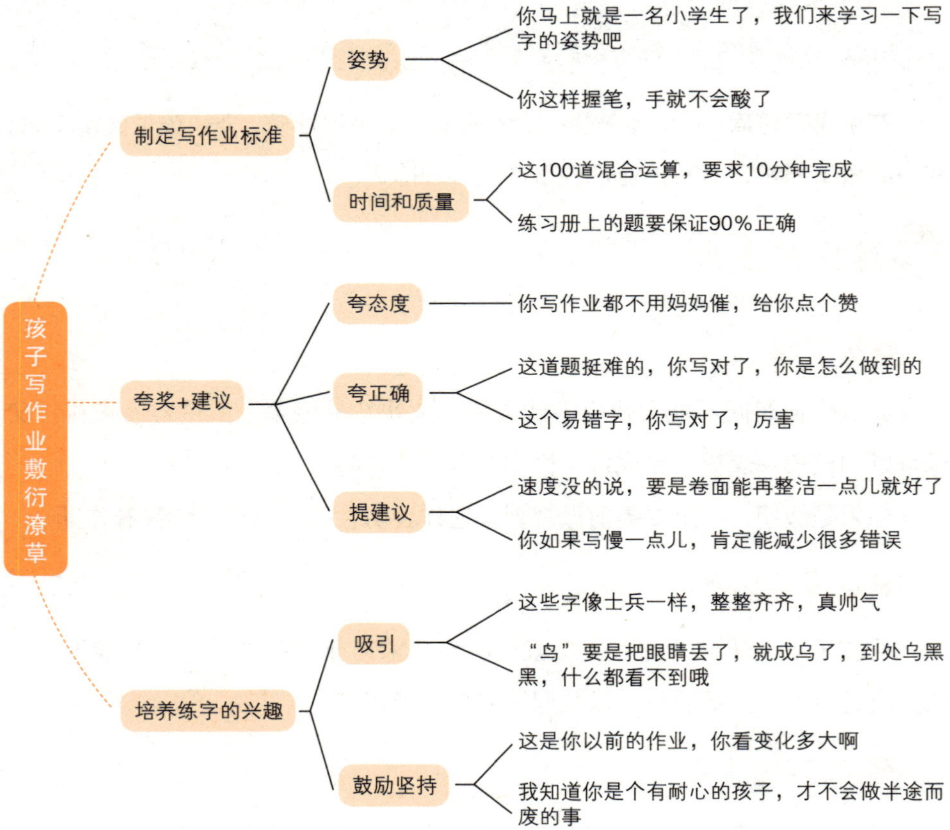

孩子贪玩不爱学习

很多孩子，一说玩，就两眼放光、生龙活虎，一说学，就蔫了，无精打采，不是肚子疼，就是脑袋晕。不管父母是逼着、盯着，还是讲道理，用礼物吊着、哄着，都收效甚微。

情景回放

我儿子每天最大的愿望就是不上学，周一到周五早上蔫了吧唧的，上个学，就像上刑。有一次有点发烧不能去学校，把他给乐得，第二天烧退了，还非让我跟老师说他还没好，要再请一天假。每天下午放学，他就“复活”了。书包一丢，看看电视，玩玩游戏，有时候去游乐场疯，作业必定要拖到该睡觉了才去写。我真的很头疼，他都上三年级了，怎么还像在读幼儿园？

——三年级成成妈妈

诊断小档案

孩子写作业为何屡教屡错？

- 对学习过的内容生搬硬套，不愿意思考
- 每天等老师催、父母催，才去完成学习任务
- 抄别人的作业
- 感觉学习内容好无聊
- 从不主动复习、预习

千万不要这样说

无缝监督

“我辞职了，以后我天天在家陪着你学。”

“别偷懒，家里有监控，你的一举一动，我都看得清清楚楚。”

“上个网课，我一走开，你就偷偷看小视频，你以为我不知道吗？”

感到压抑和烦躁：每天像个犯人一样，被监视、被监控，只会令孩子感到压抑、烦躁。

破坏自律：父母的监视是对孩子最大的不信任，当孩子感觉自己不被信任时，就会放弃对自己的要求。

放纵自己：一直被父母的权威支配的孩子，习惯了附和、服从，没有管理好自己的学习、生活的能力，一旦脱离密不透风的监控，就会向突然而来的自由投降，选择无底线地放纵自己。比如，等他们被父母钉到了大学，就会在课堂上玩手机、睡觉、发呆，或干脆逃课，迅速沉迷于各种诱惑。

讲大道理

“你不好好学习，考不上一个好大学，以后只能在底层混，吃苦受累。”

“好好学吧，学习再辛苦，也没有生活辛苦。”

“黑发不知勤学早，等你长大了，再想好好学习就晚了。”

无法理解：对于年龄尚小的孩子，很多大道理对他们来说，就如“对牛弹琴”，白费力气。

越讲越不想听：稍微大点的孩子虽然能够理解大道理，但就是不想听。因为孩子需要的是理解、是共情、是倾听，而不是空泛的大道理。

给予物质奖励

“你这次要能考进前三名，爸爸就给你买个 iPad。”

“你这学期如果再进步 10 名，耐克的鞋，随你挑一双。”

学习的本质被掩盖：给奖励才学习，孩子关心的是奖品，而不是学习本身。只要奖品好，学啥都行。一旦奖品失去吸引力，孩子就会理所当然地认为，奖励我不要了，自然也就不用学了。甚至会因为愿望没有被满足而拿不学习威胁父母，比如，“你要不给我买最新款的苹果手机，我就不学。”

越来越贪婪：时间长了，孩子的欲望也会在父母的奖励下逐渐膨胀，索要的物质奖励越来越多。

这样说会更好

父母自我反省并改正

如果家里没有学习的氛围，那就别怪孩子不爱学习。如果父母愿意从自身找找原因，孩子也会愿意主动改变自己。

一起学习共同探讨

如果缺少父母的陪伴和支持，孩子也缺乏学习的动力。父母不妨和孩子一起学习，在学习的过程中进行互动、分享和探讨，甚至和孩子一起 PK，能避免孩子独自学习的枯燥。比如，一位妈妈和孩子一起上英语视频录播课，一起背单词，看谁背得又快又准，谁输了就被刮鼻子。如此有意思的学习，孩子怎么会不感兴趣？

和孩子聊聊梦想

只有孩子自己认同的目标，才能成为真正的动力。父母可以从孩子的兴趣入手，和孩子聊聊梦想，让孩子由被动学，变成“我要学”，为了自己的理想而学。

认真对待孩子提出的每个问题

父母要鼓励孩子提出问题，哪怕他提出的问题古怪，甚至是幼稚的，也不要否定、打击，更不要嘲笑，而要给予积极的、正面的回应，比如对他的问题表示出强烈的兴趣，称赞他提出的这个问题很有意思，并和他一起去寻找答案。

- 孩子对学习毫无兴趣
  - 父母自我反省
    - 认真反省
      - 要是我的爸爸妈妈下班回家只顾刷手机，我也不愿意去看书学习
      - 爸爸妈妈因为工作忙，忽略了对你的陪伴，对不起
      - 我得好好向你学习，我现在是一看书就犯困
    - 积极改正
      - 我以后得以身作则，下班后也要看书学习
      - 以后我会推掉所有晚上的应酬，回家陪你
  - 一起学习共同探讨
    - 一起学习
      - 今天老师教的网球动作，我还不熟，咱俩练练呗
      - 我感觉今天编程学的有点难，你呢
    - 一起讨论
      - 这道题，为什么选B呢？我觉得A对
      - 哈利·波特的好友中，你最喜欢谁
    - 一起质疑
      - “知有儿童挑促织”中“促织”指什么
      - 0除了能表示什么都没有，还有什么含义吗
    - 一起进步
      - 你帮我看看，这道题的步骤我是不是写错了
      - 咱俩来比赛背单词吧，看谁先背会
  - 和孩子聊聊梦想
    - 询问梦想
      - 你有没有想过，以后长大了做什么呢
    - 肯定梦想
      - 你长大想当一名设计师？给别人设计好看的衣服穿，听起来好酷
      - 你长大了想做个外卖骑手？那我相信你一定是最受欢迎的外卖小哥
  - 认真对待问题
    - 诱导提问
      - 北极熊好可爱，唉，企鹅呢？怎么看不到企鹅
    - 赞赏提问
      - 李白为啥爱喝酒？这个问题好有趣
    - 寻找答案
      - 你说为什么要先算乘除后算加减？要不我们来试试先算加减会怎么样

孩子考试考砸了

周考，月考，期中考，期末考，升学考，等等，孩子从入学开始就要经历大大小小的考试。考得好，父母和孩子自是皆大欢喜，孩子多半会迎来一通奖励、表扬，但若是考砸了呢？

情景回放

我一直很重视孩子的学习，每天晚上，他写完学校的作业，我会再给他安排点额外的卷子做。周末更是不敢放松，除了带着他复习功课、写作业，还要上英语课、书法课、阅读课和数学思维课。好在孩子的成绩一直都不错，我觉得再辛苦也值了。但升入四年级后，我明显感觉他的状态不太好，期中考试，数学居然只考了 75 分。我很生气，就问他为什么考这么差，孩子可能被吓到了，一直掉眼泪，也不说话。

——四年级弘哲妈妈

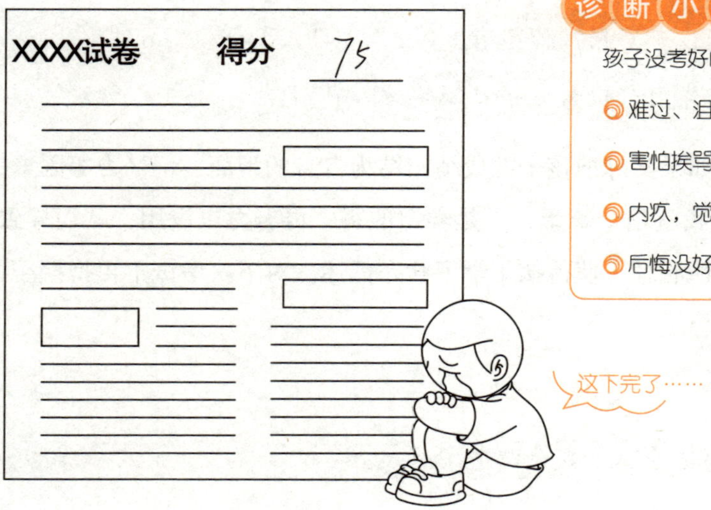

诊断小档案

孩子没考好的心理感受：

- 难过、沮丧，对自己很失望
- 害怕挨骂、挨打
- 内疚，觉得对不起父母
- 后悔没好好学

千万不要这样说

嫌弃丢人

"考这么点分数，你不觉得丢人，我还觉得丢人呢。"

"你考这么点分数，我都不好意思出去说。"

感觉难堪和自卑：对一些父母来说，孩子的成绩就是满足自己虚荣心的工具。考好了，就忍不住在朋友圈里晒一下；考砸了，就觉得孩子给自己丢人了。父母这样做会让那些考砸了的孩子感觉难堪和自卑，也会让那些考好了的孩子养成爱吹牛、炫耀的习惯。

威胁惩罚

"期末如果还考这么差，暑假的迪士尼活动就取消！"

"今天晚上不许吃饭，门外站着，好好反思反思。"

养成投机取巧的坏习惯：父母太看重分数，孩子也会只盯着自己的考试成绩。而且为了保住成绩，得到夸奖，避免挨骂、被取消福利，他们很容易养成投机取巧的坏习惯，比如作弊等。

贴负面标签：

"这么简单的题，都写错？你得有多笨？"

"我看你也不是学习那块料，早点辍学打工吧。"

破罐子破摔：如果父母把孩子的成绩归结为自身的智商、记忆力等因素，孩子就会认为反正我就是个笨蛋，不是学习的料，再努力也没用，从而导致孩子产生自卑、羞愧心理，使得孩子学习状态低迷，对下次考试不再抱期望，产生破罐子破摔的想法。

错误归因

"花那么多钱上辅导班，真是白上了。"

“你真是遗传了妈妈，妈妈就不擅长数学。”

推卸责任：如果父母把成绩归结为老师、遗传、课外班等外部因素，孩子就会认为自己考得不好都是别人的错，从而不愿意努力。

这样说会更好

表达共情，安慰情绪

对自我要求比较高的孩子来说，只要没有达到自己预期的目标，都算是考砸了。尤其是有的孩子抗挫折能力比较差，一次考不好就会沮丧、自责，这时候父母要善用同理心认可孩子的情绪，并及时给予安慰。与孩子共情，才能更好地体会他的感受，然后不断地进行鼓励，帮他建立学习的信心。如果孩子感到被理解，就不会那么难受了。

表扬优点和进步

父母应努力在卷子上发现孩子微小的进步，给予表扬，这是帮助孩子建立学习信心的关键。当孩子觉得“原来我也不是那么糟糕，我也有进步”，就会对未来的学习重新充满自信，进而愿意在学习方法上作出改进。如果父母找不到孩子进步的点，那就夸孩子的态度，放大孩子对学习的哪怕一点点积极的态度。

分析原因，给出建议

要相信每个孩子都有一颗向上的心，如果考得不好，他最需要的是父母的帮助。父母要和他一起面对，帮助他查找失分的原因，是态度问题，还是知识点掌握不牢固，抑或学习方法不对，然后再有针对性地去调整和改变。让孩子相信，只要进行有针对性的训练，就能提高成绩。

鼓励努力，畅享收获

学习是个日积月累的过程，每天学一点儿，即便暂时看不到结果，但坚持下去，一定会有收获。父母可以选择一两件小事，让孩子每天坚持去做。比如，每天复习默写生字，每天背诵英文单词等。不怕事小，只要能坚持，就会有效果。孩子会觉得提高成绩也没有那么难，便会想尝试一下。

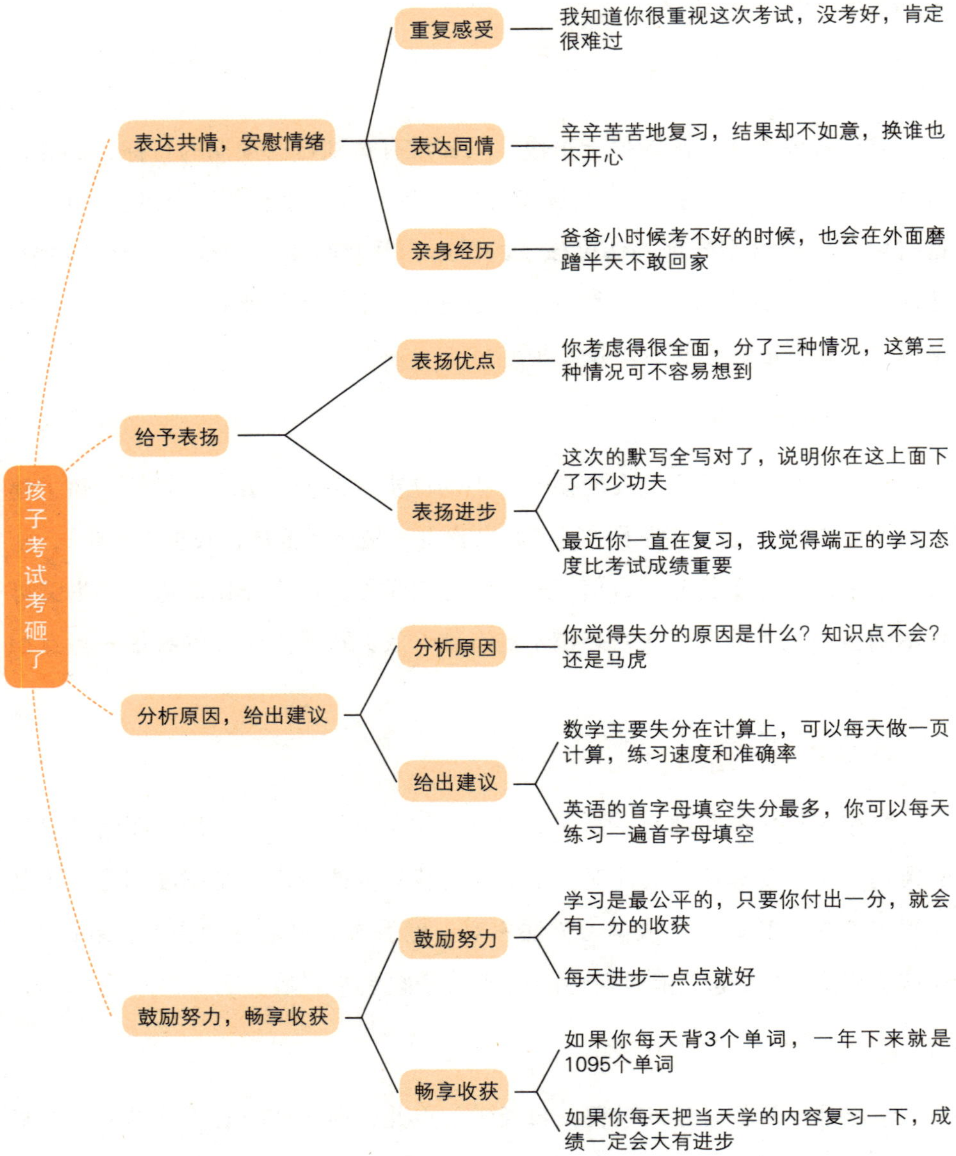

孩子沉迷手机不学习

孩子放学回到家就捧着手机，不写作业，甚至不吃饭、不睡觉……哪个父母见了，能忍住不发火？但是暴跳如雷、横加指责，只会进一步激化矛盾，让事情变得更糟。想让孩子远离手机，好好学习，父母跟孩子的良好沟通是关键。

情景回放

记得儿子小时候还是很乖的，学习也认真。但后来因为他的同学都有手机，拗不住他的再三要求，就给他也买了一部手机。没想到，他越来越沉迷于玩手机。尽管学校不让带手机，但他回到家就捧着手机玩个不停，吃饭、上厕所，手机都不离手。

有一次同学的家长告诉我，他夜里 12 点多还在和同学打游戏。我气得没收了他的手机，藏了起来，又被他偷偷翻走了。因为不让他玩手机，我们关系很紧张，家里每天都弥漫着火药味。眼看就要上初中了，我很焦虑，怎么才能让他戒掉手机呢？

——六年级柏钊妈妈

诊断小档案

孩子放不下手机的原因是什么？

- 这个游戏实在太好玩了
- 没人懂我，我只有在网上才能得到一点儿安慰
- 压力太大了，玩会儿游戏放松放松
- 太无聊了，还是上网有意思

千万不要这样说

粗暴制止

“怎么又在玩手机？放下，不许玩了！”

“拿来，手机没收了！”

“再让我逮住你晚上熬夜看手机，看我怎么收拾你！”

“我把它砸了，叫你玩！”

引发亲子冲突： 父母粗暴制止“不准玩了”，或者威胁孩子“再玩就把你送到戒网中心”等等，只会加深孩子的叛逆心理，引发争吵，激化亲子矛盾。曾有孩子因为手机被没收，威胁父母自己要跳楼，甚至情绪激动对父母“拔刀相向”。

更加沉迷： 欲望总是越禁止越强烈，越是阻止孩子玩手机，孩子越是想要玩。孩子沉迷手机——招来父母打骂——亲子关系变差——孩子更加沉迷和依赖手机，这是一个恶性循环。

说放弃的话

“你真是烂泥扶不上墙，你再玩手机，就别叫我妈了！”

“既然你这么爱玩游戏，那你随便吧，往后我也不管你了！”

“再玩游戏，你就走吧，我再也不想看到你！”

放弃自己： 当连父母都不信任自己，说要放弃自己，孩子内心该是多么孤独无助？孩子也会放弃自己，认定自己就是一个无法改变的网瘾少年。他大概率会想：既然你都这样认为了，那就随便吧。

这样说会更好

约法三章

在孩子最初开始接触手机的时候，就先和孩子约法三章，让孩子养成并从心理上接受到了时间就该放下手机的习惯。

约法三章包括和孩子约定使用手机的时间，每天玩多久，什么时间玩，玩多久需要休息一下；还包括玩手机的禁忌，明确什么情况下不能玩手机，以及不能用手机做什么；等等。父母和孩子约定好后，最好能写下来，贴到显眼的地方，方便孩子随时查看，并严格遵守。

父母在与孩子约法三章的同时，还要设定奖惩规则，以便更好地激发孩子的内驱力，为孩子长期坚持合理使用手机做好心理建设。比如，可以列一个奖励清单，孩子如每周遵守约定，就可以从中选一项作为奖励。

以退为进

孩子爱玩手机一定是有原因的，父母可以问问孩子手机里有什么好玩的。如果是玩游戏，不妨也表现出很大的兴趣，让孩子带着你玩一玩，感受一下。这不仅可以减少代沟，也能了解孩子内心的真实想法和需求。

这种以退为进的沟通方式，能让孩子感受到父母的理解和尊重，反而会生出自我约束的念头，避免过度沉迷手机。

转移注意力

孩子沉迷手机，其中一个很大的原因就是，生活太无聊了，孩子不得已才去网络世界中找寻快乐和满足感。如果有更有趣的事情等着孩子去做，他自然也就不会痴迷于手机了。父母可以帮助孩子培养爱好转移注意力，可以引导孩子去玩其他益智类游戏，或者去参加博物馆、科技馆的各种体验活动，或者和孩子一起去户外爬山、跑步等。

- 孩子沉迷手机
  - 约法三章
    - 时间
      - 你觉得每天玩多长时间合适
      - 你想先写作业还是先玩游戏
      - 玩半个小时休息10分钟，能做到吗
    - 内容
      - 没有父母的允许，不得向网友透漏个人和家庭信息
      - 不得浏览赌博、色情等非法网站
    - 奖惩
      - 今天你玩游戏超时了，所以明天的游戏时间取消
      - 这一周你都遵守上网约定，你可以从奖励清单上选一项作为奖励
  - 以退为进
    - 主动聊孩子喜欢的
      - 这是什么游戏？真有这么好玩？你能不能教教我
    - 允许和接纳
      - 累了或者压力大的时候，你可以玩会儿游戏放松放松
    - 询问看法
      - 你觉得爸爸妈妈每天刷手机的时间长吗
  - 转移注意力
    - 社会实践活动
      - 爸爸带你去博物馆，用望远镜看星星吧
      - 小区正在招募环保小卫士，你要不要去试试
    - 户外活动
      - 你不是想去攀岩吗？周末我就带你去
      - 我们吃完饭去小区散散步吧
      - 你觉得哪里好玩？国庆放假我们去玩几天
    - 随时可以玩的游戏
      - 来，我们玩成语接龙吧
      - 我给你说个谜语猜吧
      - 我们来玩脑筋急转弯吧
    - 室内亲子游戏
      - 买卖游戏：你当店主，我来当顾客
      - 过家家游戏：你当妈妈，我当宝宝怎么样
      - 表演节目：你想当主持人还是演员

第2章

如何正确鼓励和表扬孩子

孩子学什么都三分钟热度

画画课上了几天，感觉没意思，不想学了。武术学了几天，觉得太累，不想学了。很多孩子无论做什么，都是三分钟热度，开始兴致满满，很快就兴致缺缺，想打退堂鼓。如果孩子没有专注力和坚持力，父母该如何沟通？

情景回放

元旦前一天，女儿班里举行了联欢会，有一个同学表演了弹钢琴。女儿听了，说钢琴真好听，她也想学。于是，我立马询问钢琴培训班，并让她体验了一把，她很开心，说愿意学。于是，我咬咬牙，交了昂贵的培训费。

但女儿只坚持了三节课，就不愿意学了。她说，学钢琴太枯燥了，一点儿也不好玩。我跟她说学费不能退，学钢琴是她自己选的，必须得坚持去学。她听了很不乐意，每次上课都推三阻四。不只是学钢琴，学其他的也是三分钟热度，比如学画画学了三个月不想学了，学轮滑练了几次就不练了。做什么都半途而废，照这样，女儿能有什么出息呢？

——二年级雅涵妈妈

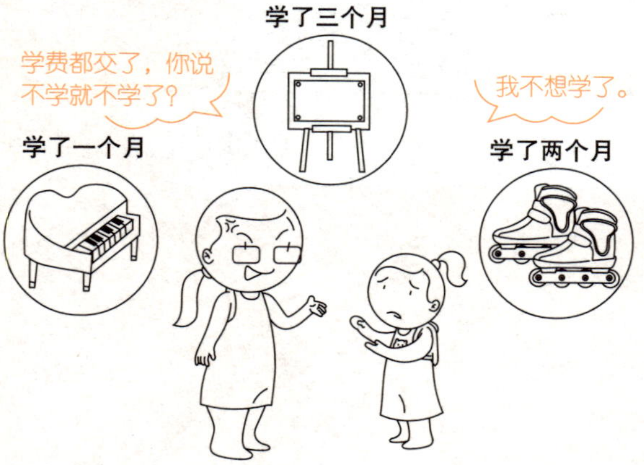

诊断小档案

孩子为何半途而废？

- 难度增加，不想学了
- 兴趣变了，不喜欢了
- 重复一件事很枯燥
- 没有耐心
- 没有动力

千万不要这样说

强迫坚持

"坚持一下，别动不动就放弃。"

"你能做到的，坚持下去，加油！"

"学费可是很贵的，你就坚持坚持吧。"

激化情绪： 孩子说要放弃的时候，可能已经默默努力坚持了很久，内心也有很多挣扎，实在是坚持不下去了，才说要放弃。而父母不但不给予理解，只是站在自己的角度，简单粗暴地让孩子坚持下去，很容易让孩子情绪崩溃。

综艺节目《少年说》中，一个女孩理科成绩不好，但父亲却想要她学习理科。这个女孩觉得自己没有天赋，担心无论如何努力也无法取得好成绩时，她的父亲却说:"别人能行，你也行。"鼓励孩子继续坚持下去，女儿最后哭了。

拿别人做对比

"你看，其他小朋友都做到了，你也能做到，加油！"

"别人能行，你也能行，我相信你！"

"别人都能坚持，为啥你不能坚持？"

自我怀疑： 如果事情如此简单，别人也能做到，为什么我做不到？听到父母拿别人与自己做对比的话，孩子几乎立刻就会开始怀疑自我、否定自我。

增大压力： 父母对孩子说"我相信你"来鼓励孩子坚持，是在对孩子进行道德绑架，让孩子倍感压力又羞于说出自己做不到的原因。

消极暗示

"我就知道你学不长，做事没一点儿长性。"

"三天打鱼两天晒网，你能干成啥？"

自信受挫：父母的否定，会严重伤害孩子的自信心，让孩子产生一种无力感，觉得自己就是无法坚持，更不愿意坚持。

顺从放任

> “你要是不喜欢，就不学了。”
>
> “不想学就不学，你开心最重要。”

习惯性放弃：如果孩子一说不想学了，父母二话不说就同意，孩子就会养成随意放弃的习惯，做事有始无终、有头无尾，完全不懂得坚持。

遗憾和后悔：电视剧《家有儿女》，有一集讲到刘星和小雨责怪父母没有给他们报兴趣班，母亲刘梅委屈地说：“我也想给你报很多兴趣班，让你多才多艺，是你们自己不愿意学啊！”刘星反驳道自己那时候还小，不懂事，作为母亲就应该从小教育自己，逼着自己学才对。

如果孩子明明在某方面有一定天赋，父母却因为秉持快乐教育，不愿意强迫孩子去做不喜欢的事而放弃了，那么在未来，无论是孩子还是父母都是会后悔的。

这样说会更好 >>>>>>>>>>>>>>>>>>>>>>>>>>>>>>>>>>>>

了解原因，消除抵触

孩子说要放弃，父母不必急着斥责孩子，不妨先和孩子聊聊孩子为什么想要放弃。是对这个科目不感兴趣，还是被老师批评了？又或者是不喜欢老师上课的方式？了解了真正的原因，才能给出正确的回应。然后，帮孩子分析原因，理解孩子遇到的挫折和困难，给予他们情感上的支持和安慰，帮助他们克服困难并继续前进。

复杂的任务简单化

胜任感，是孩子迎难而上的信心与动力。如何培养胜任感？把复杂的任务简单化是关键。比如，把大任务拆分成小任务，每天练琴 40 分钟很难坚持，可以分成两次，每次进行20分钟，或者把目标调整到孩子“跳一跳能够着”的高度。认知心理学家安德斯·埃里克森认为，通过拆解困难，让孩子重新理解和面对困难，是一个心理赋能的过程，能激发孩子内在的驱动力。

故事激励

父母可以和孩子讲一讲自己坚持与放弃的经历，这能让孩子因为“爸爸妈妈和我有一样的经历”而降低抵触心理。在讲这段经历的过程中，要和孩子多交流关于事件的感受，向孩子传达“爸爸妈妈理解你”的信息，寻找和孩子之间的共鸣。父母不要替孩子做决定，要把决定权交给孩子自己，相信孩子会权衡利弊后做出正确的选择。

除了个人的经历，也可以通过讲述名人的故事，帮助孩子克服浮躁。像达·芬奇画蛋、王羲之苦练“永”字诀等。

允许放弃，反悔有额度

当然，任何学习都会经历一个枯燥甚至痛苦的过程，尤其是一些基本功的练习，比如舞蹈的压腿、球类的基本动作、琴类的指法练习等，孩子产生抵触情绪也是正常的，父母可以根据实际情况设定允许孩子反悔的额度，建议1次或者2次，不超过3次。

父母要和孩子提前约定好反悔额度，当孩子和父母反复确定，决定放弃，就等于用掉了一个名额，如果名额用完，就必须坚持学下去。

另外，有两种补习班要允许孩子放弃。一种是那种“补短”的兴趣班，另一种是孩子明确不喜欢的兴趣班。比如，报兴趣班的时候，父母是这样想的：“我闺女太内向了，所以给她报个口才班锻炼锻炼。”“我家孩子五音不全，报个钢琴班，提高一下音乐素养。”实际上这是对兴趣班最大的误解，孩子在这样的学习过程中体会不到成就感，反而会遭受打击，失去自信。

- 孩子学什么都三分钟热度
  - 了解原因，消除抵触
    - 询问
      - 能告诉妈妈，你为什么不想学了吗
      - 别害怕，不管什么原因，妈妈听了保证不会批评你
    - 安慰
      - 每当你练琴生气时，妈妈都想抱抱你，妈妈知道坚持很辛苦
      - 周六还要7点起床，很不容易，想放弃也很正常
  - 复杂的任务简单化
    - 拆解目标
      - 如果你觉得每天练习40分钟太难，那就分两次练习，怎么样
    - 降低目标
      - 这个级别的英语阅读，生词确实有点多，我们换个简单点的版本吧
      - 妈妈错了，之前没考虑到你没思维课的基础，我们还是从最基础的开始学吧
  - 故事激励
    - 亲身经历
      - 妈妈小时候被外婆逼着学钢琴，真的很痛苦，但我现在很庆幸当时没有放弃
      - 你爷爷小时候教我练毛笔字，我练了几天就不干了，现在好后悔
    - 他人经历
      - 记得《家有儿女》中的刘星吗？他长大后埋怨妈妈：小时候咋不给自己报兴趣班呢
      - 达·芬奇学画画的时候，老师一直让他画鸡蛋，他都烦了
  - 允许放弃
    - 约定反悔次数
      - 我们现在就是在尝试，不要怕，你有两次可以放弃的机会
      - 如果放弃的机会用完，就只能坚持下去了
    - 确认是否放弃
      - 基本功的练习肯定枯燥，但这是在为后面的飞跃做准备，你确定要放弃吗
      - 如果你是真的不喜欢，不想学了，那我们也会尊重你的决定

遭遇“躺平”娃，怎么办

“作业写不完了，不写了。”“不想学习，躺平了。”看着本该拼搏的孩子却已开启“养老”模式，说不听、推不动、骂无感，父母只觉无名火冲脑壳，随时都想炸裂。

情景回放

孩子升入五年级后，接连几次考试都失利，对学习再也提不起兴趣了。他现在不爱写作业，不愿意看书，考试前也不复习，每天要么是和同学一起疯玩，要么就是待在家里打游戏。无论我怎么劝，他都不听。我又着急，又生气，指责他一点儿志气都没有，孩子却说，努力有什么用？毕业了不是照样送外卖？他现在要“躺平”，还让我们放过他，弄得我简直哭笑不得。

——五年级梓霖妈妈

诊断小档案

孩子为什么会躺平？

- 不敢面对困难
- 长期被打击
- 不知道自己为什么要努力
- 努力没结果，不想努力了
- 习惯了“被安排”
- 压力太大，扛不住了

千万不要这样说

打鸡血

"别人放假都在补课，你可不能放松。"

"你看哪个当学生的不辛苦呢？吃得苦中苦，方为人上人啊！"

"加加油，孩子，考个重点高中，好大学就不愁了。"

令孩子厌烦：父母总是让孩子好好学习，就像自己在公司总是被领导鼓励"好好工作"，听了只会令人厌烦。

贬低

"你现在不好好学习，以后你就是一个废人了。"

"吃这么点苦你就受不了，以后能有什么出息？"

"一天到晚懒洋洋的，像个退休老太太，像话吗？"

让孩子放弃自己：在父母的打击式教育下，孩子逐渐对自己失去信心，索性直接摆出一副"死猪不怕开水烫"的架势，不再努力。他们试图用放弃自己的方式来对抗父母，让父母难受。

盲目焦虑

"你这孩子现在就躺平，以后可怎么办？"

"你这样下去，连高中都没得上！"

"你不努力，以后拿什么养活自己？愁死人了。"

让孩子更加消沉：父母越是唉声叹气表达对未来的焦虑，越是失望，孩子越是没有努力的动力。

这样说会更好

表达“体谅”

放学回家，孩子已经很累了，还要面临一大堆作业，有点怨言，想要放松一会儿都是正常的。父母要试着理解孩子的处境和感受，与其唠唠叨叨催孩子赶紧去写作业，不如给孩子释放情绪的时间和空间，允许孩子放松一会儿。

如果孩子吐槽作业多，压力大，很累，可以尝试站在孩子的角度，问问孩子是不是最近压力大，能不能说说。当父母学会共情，孩子感觉到被理解和接纳，才会愿意敞开心扉。

表达“接纳”

想一想，如果孩子每天收到的都是嫌弃、指责、抱怨，他怎么会元气满满地努力？

很多孩子是因为无法承载父母的希望而放弃努力，这时父母一定要改变自己的教育观念。如果我们自己都是普通人，为什么一定要去培养一个天才？告诉孩子，无论他是不是够优秀，有没有考前几名，他都是你们最爱的宝贝，你们都一样爱他。

当孩子获得了足够的安全感，才会愿意主动去改变。

制造“参与感”

父母可以给孩子一些决策的权力，让他们参与做事，以激发主动性。我们可以把任务分成两类：一类是他有能力独自完成，另一类是他没有足够的能力单独完成。对于前者，父母要敢于放手，对过程不必过度干涉和监督。对于后者，父母要让孩子参与进来，倾听他的意见，积极采纳他的建议等。同时，也要给予孩子及时的辅助。

参与感，能让孩子感受到自己“有能力”“有价值”，从而建立对自己行为的认可，内心的小宇宙就会爆发出无限的动力。

正向评价

当孩子完成了某个任务，不管结果如何，父母一定要给予积极的、正向的评价。比如，和孩子一起制定的目标实现了，父母一定要及时肯定孩子。比如，孩子参加了一个比赛，即便没有拿到名次，父母也要夸奖孩子敢于挑战的勇气，肯定孩子完成比赛付出的努力。

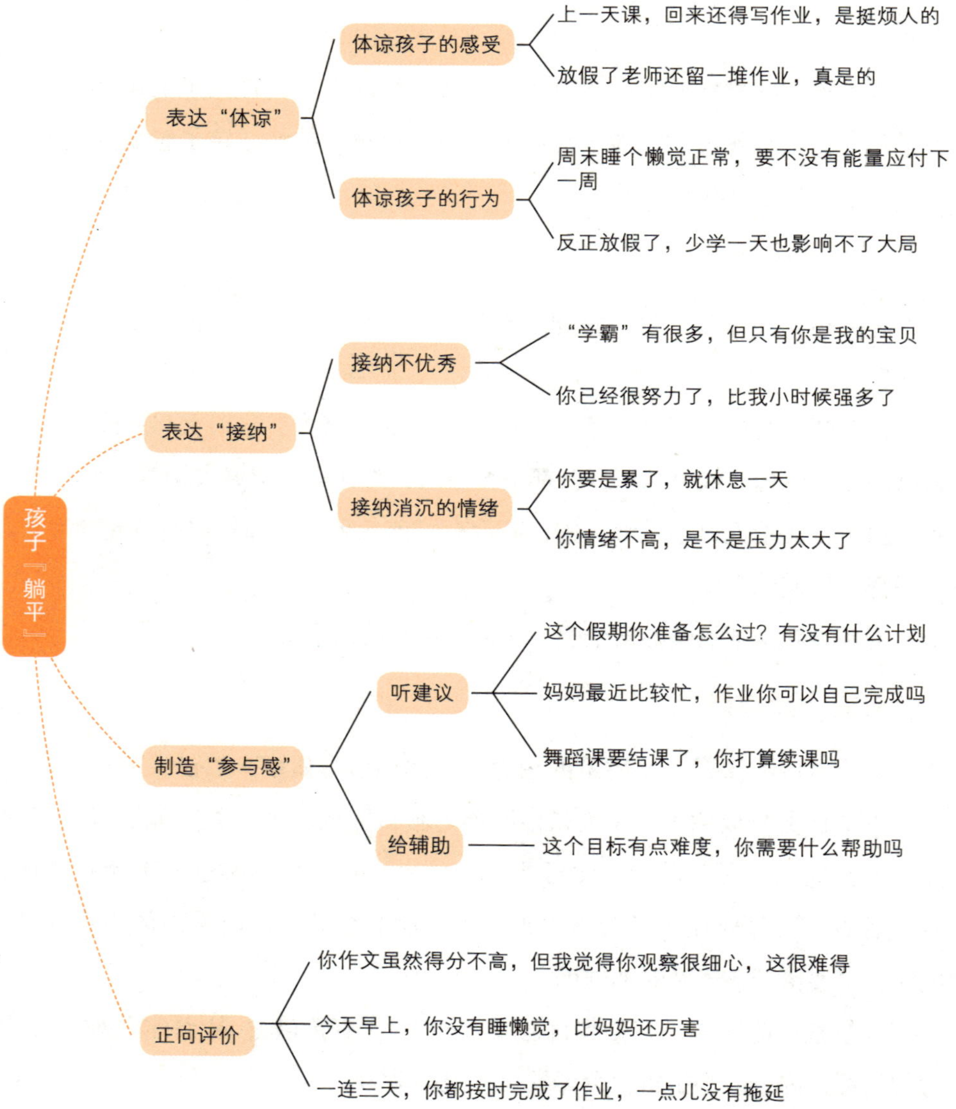

比赛输了，孩子很沮丧

当孩子因为比赛输了而伤心难过、灰心丧气，甚至大发脾气时，有些父母往往很难理解。在大人看来，一场比赛而已，输了就输了，有什么大不了的呢？

情景回放

为了这次足球比赛，孩子每天放学都去练球，周末的大半时间也都是在球场度过的。可是，当他信心满满地奔上赛场，却遇到了超强的对手，结果以0:2的比分输给了对方。回家的路上，孩子一直垂头丧气，我安慰他说，不过就是一场比赛，没关系的，但他不理我。回到家，他就把自己反锁在屋里。任凭我在外面怎么敲门都不开，晚饭也没吃。

——五年级鹏程妈妈

诊断小档案

孩子失败后为什么会沮丧？

- 认为自己很努力，接受不了失败的结果
- 对失败的自己感到失望
- 失去信心，觉得自己没用
- 不愿意输给别人

千万不要这样说

找理由怪罪别人

“我看你们这次输了比赛，都是因为你们那个队友太不给力了。”

“你的能力肯定没问题。要怪就怪这突变的鬼天气。”

“裁判太不公平，否则你们队不会输的。”

激发不满情绪：父母不分青红皂白地把孩子失败的原因归于别人身上，也许能让孩子心里舒服一点儿，但是这样也容易激发孩子对别人的不满情绪。

不懂反省：父母一味地把孩子的失败怪罪于别人，时间久了，孩子就不会进行自我反省。他们认为一切都是别人的原因，而自己没有一点儿错误，自己才是“受害者”。

“没关系”式的安慰

“没关系，这有啥的？下次比赛继续努力不就完了。”

“不就是一个小比赛吗？输了就输了呗，没什么大不了的。”

感觉不被理解：在父母看来，一次失败没什么大不了的。虽然这是真理，但是如果父母想当然地用自己的感受来代替孩子的感受，孩子只会感觉父母“站着说话不腰疼”。因为感受不到理解，孩子会更加气愤、更加委屈。

没有同理心：情绪长期被否定后，孩子的情绪感受力就会逐渐丧失，无法理解别人的情绪。当他伤害了别人，不会去主动道歉。当别人给予他善意，他也不懂得珍惜。

变得强势：父母否定孩子的难过，孩子会认为脆弱是不被允许的。为了保护自己，孩子会刻意让自己变得强势。他们不能接受失败，甚至不能接受别人比他强，否则就会崩溃。

这样说会更好

理解孩子的难过

当孩子伤心的时候，父母不要急于让孩子摆脱负面情绪，也不要急着制止孩子哭泣，而是要用同理心去对待孩子，接纳和理解孩子的情绪。

父母可以用非常少的语言表达出孩子的感受，比如“知道你很难过”，等等。说话的同时，可以拥抱下孩子，孩子虽然还是会难过，但是感觉得到了安慰，可以尽快地从负面情绪中走出来。

强调过程

父母可以表扬孩子在比赛中做得好的地方，比如孩子的坚持、努力，为了比赛付出的辛苦，等等。这样的鼓励能让孩子感到自己虽然输了，但是也有值得骄傲的地方，能够让孩子变得更有信心和勇气去面对未来的挑战。

引导孩子从失败中汲取经验

当孩子的情绪逐渐稳定下来后，父母可以引导孩子客观地分析这次失败的原因，问问孩子从这次失败中获得了什么，或是觉得下次比赛怎么打更好。只要孩子有收获，那么输赢并不重要。

父母还可以给孩子提一些建议，但是要记住只是分享，不是强加，问问孩子愿不愿意听听自己的看法，或者把自己的意见拿出来和孩子讨论一下。

让孩子学会欣赏别人

父母应该让孩子知道，人外有人，天外有天，遇到比自己强的人，要学会发现别人身上的优点，学习别人身上的长处。

当孩子能用积极乐观的心态看待同龄人之间的竞争，心胸会更加宽广，甚至能收获一份更加珍贵的友谊。

孩子输了很沮丧

- 理解难过
  - 说出孩子的难过
    - 你为这个比赛准备了那么久，却输了，心里肯定很难受
    - 比赛出现失误，确实很难让人接受
  - 表达同情
    - 你输了，妈妈也和你一样难过
  - 帮助释放情绪
    - 我知道你不开心，妈妈陪你走走，散散心
    - 没有什么是一顿火锅解决不了的，爸爸带你吃火锅吧
- 强调过程
  - 整个比赛过程，你都很专注，这比名次更重要
  - 你坚持到了最后，单凭这一点，就值得我为你骄傲
  - 不管拿没拿名次，你的能力都得到了很大的提升，你感觉到了吗
- 吸取教训
  - 分析原因
    - 心态
      - 这次比赛你是不是有点紧张
      - 第一次失误后，你的情绪是不是受影响了
      - 发现对手很强大，你是不是想要放弃了
    - 行为
      - 要是下次再参加这个比赛，你觉得需要注意点什么
  - 提建议
    - 你愿意听听我的看法吗
    - 我觉得这样……可能会好点
    - 当外界因素干扰到你的时候，你可以尝试这样做
- 学会欣赏别人
  - 你觉得对手为什么能赢
  - 如果你想当冠军，为什么不先去和冠军交流交流

孩子畏难，不敢去尝试

有些孩子只要遇到一点儿困难，就选择绕道走，不愿意继续去尝试。他们常把“我不会”“我不行”“我做不到”挂在嘴边，这时候父母鼓励甚至强迫孩子坚持去做，不但不能帮助孩子克服困难，还会激发他的逆反情绪。

情景回放

我很早就发现儿子不喜欢挑战，遇到困难就知道逃避。比如，爷爷让他帮忙把花瓶搬到阳台，他说那太重了，自己根本搬不动。比如，爸爸教他下象棋，刚学摆棋盘，他就说太难了，不学了。最让人生气的是，写作业的时候，看到有的题目长一点儿，或者读一次题目没读懂，他就觉得自己不会做，直接跳过去，不写。不愿克服一点儿困难，以后可怎么办呢？

——四年级思博妈妈

诊断小档案

孩子为什么会产生畏难情绪？

- 害怕出错，被批评
- 能力不够，没有把握做到
- 习惯了依赖父母
- 自卑，认为自己做不到

千万不要这样说

让孩子“不要怕”

“你看人家别的小朋友都没事，你怕什么呀？”

“没什么难的，勇敢点儿，不要怕。”

隐藏恐惧的情绪：父母如果总是和孩子说“不要怕”，不但不能起到鼓励的作用，还会否定他们的感受。孩子会认为恐惧是种羞耻的表现，所以更会拒绝做自己不擅长的事情，以免流露出恐惧的情绪被父母斥责。

逼孩子再试一次

“才试了一遍就说不行，真没出息。接着做。”

“背不下来，就慢慢背。背下来了再睡觉。”

对战胜困难失去信心：当孩子流露出畏难情绪时，有些父母想用“激将法”提起孩子的士气，于是先给孩子一顿劈头盖脸的批评，再强硬地逼迫孩子迎难而上。其实，父母给的压力过大，会让孩子失去战胜困难的热情和信心。

让孩子放弃

“要是不会做，就明天去问老师吧。”

“太难的话，就不要学了。”

习惯逃避：很多父母害怕孩子受苦，或者只知道尊重孩子的意愿，当孩子一旦遇到困难、挫折，想要放弃的时候，就干脆直接让孩子放弃。但长期下去，孩子在以后遇到问题时，最先想到的也是逃避。

这样说会更好

告诉孩子“没关系”

如果父母一看到孩子做错了，就马上进行指责，孩子就会因为害怕被批评，而选择下意识地逃避困难。父母要帮孩子减轻害怕犯错的心理负担，孩子才会愿意去思考、尝试。比如，当孩子写作业遇到难题的时候，可以告诉孩子，写错了也没关系，改掉就可以了。

孩子也可能因为别的担忧而产生畏难情绪，比如孩子拒绝学游泳是因为怕水，那么父母就要想办法化解孩子对水的恐惧。当孩子没有了后顾之忧，自然就愿意去尝试了。

指出“问题”，一起解决

有时候，孩子遇到困难，并不会求助，而是表现出沮丧、烦躁。此时，父母要做的不仅要安抚孩子的情绪，更要指出“问题”，帮助孩子面对困难、解决困难。

很多困难靠孩子一个人的力量是解决不了的，父母可以提供帮助。比如，孩子胆小，不敢主动交朋友，父母可以询问孩子“是不是不知道该怎么打招呼”，或者“是不是害怕被对方拒绝”，然后，再根据孩子的具体情况，给予具体指导。

把困难拆掉

让孩子克服畏难情绪的方法是帮孩子做到。当困难比较大，看起来难以完成时，父母可以教孩子把它拆解成小任务，一步步去完成。每克服一点儿困难，父母就要及时表扬，孩子的自信就能建立起来，从而有勇气去面对更大的挑战。

比如，当孩子开始学跳绳时，因为手脚不能协调，一个也跳不起来。孩子产生畏难情绪，决定不跳了。父母可以把跳绳的动作分解成手臂摇绳、上下跳脚来逐一练习，最后再把两个动作结合在一起练习，就容易多了。

降低要求

如果依据孩子目前的能力不足以应付困难，父母要帮孩子适度调整目标，而不是逼着孩子去适应。比如，孩子升入初中后，发现保持每一科都优秀很难，时间也不够用，于是开始出现畏难情绪。在孩子焦头烂额难以应付时，父母不能只盯着孩子的成绩，同时也要让孩子放松对自己的要求。抓住并保持自己的优势科目，其他科目就算某一章没学好，也先不要慌，稳住节奏，先跟着老师向前走，落下的没弄懂的知识点再抽其他时间来复习巩固。这样就算暂时某个科目的成绩不够理想，但大局不乱，后面就能跟上。

父母适当降低对孩子的要求，孩子会还父母惊喜。

教孩子一些应对紧张的能力

有时候并不是孩子的能力不足，而是因为内心的恐惧和紧张，比如初次在正式场合发言、表演时，父母可以教孩子深呼吸，让孩子逐渐放松下来。孩子感到紧张时，父母还可以让孩子积极地暗示自己，让自己冷静下来，勇敢面对。

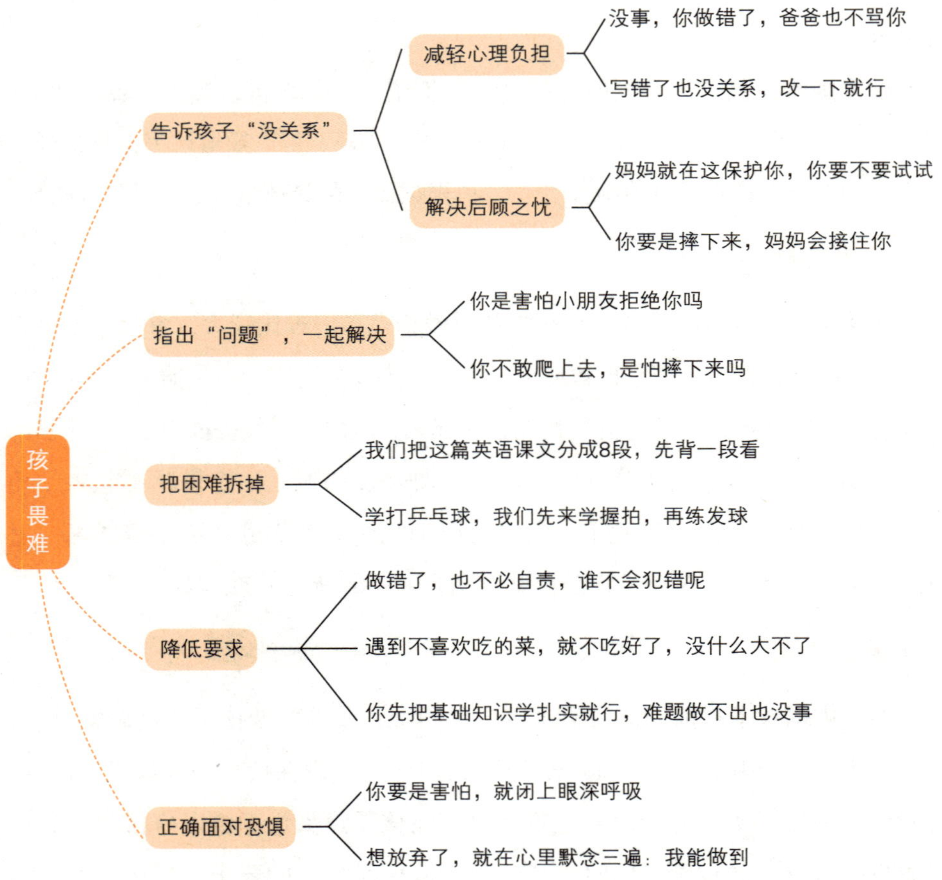

孩子不敢在众人面前表现自己

唱歌、跳舞、弹钢琴等，对孩子才艺的培养，父母总是尽心尽力，不怕花钱。终于到了露一手的时候，父母盼着孩子一出场就惊艳全场，结果众目睽睽之下，孩子却胆怯了……父母满满的期盼都变成了尴尬。

情景回放

我女儿从小学唱歌，学得还不错。家里来了客人，我总想让她展示一下自己的才艺，给大家唱上一段，也好锻炼锻炼胆量。可是，女儿一听，头就摇得像拨浪鼓，每次都不同意。

后来，女儿班里开元旦晚会，我鼓励女儿报个节目。她先是不同意，后来在我的软硬兼施下，她报了一个唱歌的节目。结果，轮到她，她站在台上面红耳赤，唱了一句就唱不下去了……孩子这么害羞，我真是不知道该怎么办。

——三年级佳慧爸爸

诊断小档案

孩子为什么不愿意当众表现自己？

- 对环境和人感到陌生
- 抵触父母的逼迫
- 对自己能力的不自信
- 曾经有过失败的表演经历

千万不要这样说

逼孩子表演

"快开始吧，就像你昨天给我唱的那样。"

"别怕，跳吧，叔叔阿姨们都等着呢。"

"去吧，跳完，妈妈带你去买冰淇淋。"

抵触：很多父母存在虚荣心理，觉得孩子在别人面前表演才艺，能让自己脸上有光。但是大多数孩子并不喜欢这种"被观赏"的感觉，父母的逼迫会让孩子产生防范心理，本能地抵触表演。

数落孩子

"你倒是开始啊……唉，真是丢人。"

"在家里不是唱得挺好的吗？怎么关键时刻就掉链子呢？"

"花那么多钱培养你，你就不能大大方方地表演一回？"

加剧恐惧：孩子怯场时，有些父母会忍不住生气地责备孩子，这既让孩子感到尴尬、羞愧，又会备受打击，认为自己无能，对当众表演更加恐惧。

认为孩子"胆小、害羞"

"平时不这样，今天可能有点害羞。"

"这孩子就是胆小，在家里弹得可好了。"

影响性格发展：有些父母看到孩子不愿意当众表演，就会用孩子"胆小、害羞"来打圆场。结果，孩子就会默认自己胆小、害羞。

这样说会更好

询问孩子的意愿

如果父母仅仅是为了自己的面子，为了给自己脸上增光，就强硬地要求孩子当众表演节目，那么孩子自然是不乐意的。

父母想让孩子配合你，事先一定要和孩子协商，询问孩子的意愿，看孩子是否愿意当众表演才艺。如果孩子不愿意，就要尊重孩子的决定，给孩子自主选择的机会，毕竟孩子才是上台表演的主体，父母不应该把自己的愿望强加给孩子。

在家中“预演”

想让孩子在面对舞台时不再害怕，父母可以先在家里给孩子搭建一个“舞台”。当孩子登台表演的时候，父母可以坐在下面，充当孩子的第一批粉丝，在孩子表演时给予热烈的掌声，在孩子完成表演后恭喜他完成演出，表达自己对孩子的欣赏之情。这些鼓励能够让孩子逐渐地享受舞台表演。

父母还可以一边欣赏，一边将孩子的表演录制下来，转发给亲人朋友观看，既可以得到大家的好评，增加孩子的成就感，又能让孩子在回看视频时，发现自己有哪些不足之处。

告知孩子可能的结果

有些孩子害怕上台，是担心表现不好而遭到父母的责备，父母可以告诉孩子，表演时应该想的是如何发挥好，而不要考虑结果如何，只要享受好这个过程就可以了。即使演砸了，父母也不会怪罪他。

有些孩子害怕没演好，被台下的同学嘲笑和挖苦，父母要告诉孩子，同学们嘲笑的只是孩子的错误，而不是孩子自己。

帮孩子解围

如果孩子当下不愿意表演，父母不必勉强，也不要批评孩子，可以打个圆场，然后转入其他话题。

父母在说话时表情和语气要轻松一点儿，要把这件事情当作一件微不足道的小事，轻描淡写地一带而过，这样大家也会一笑而过，不会给孩子带来太多的负面影响。

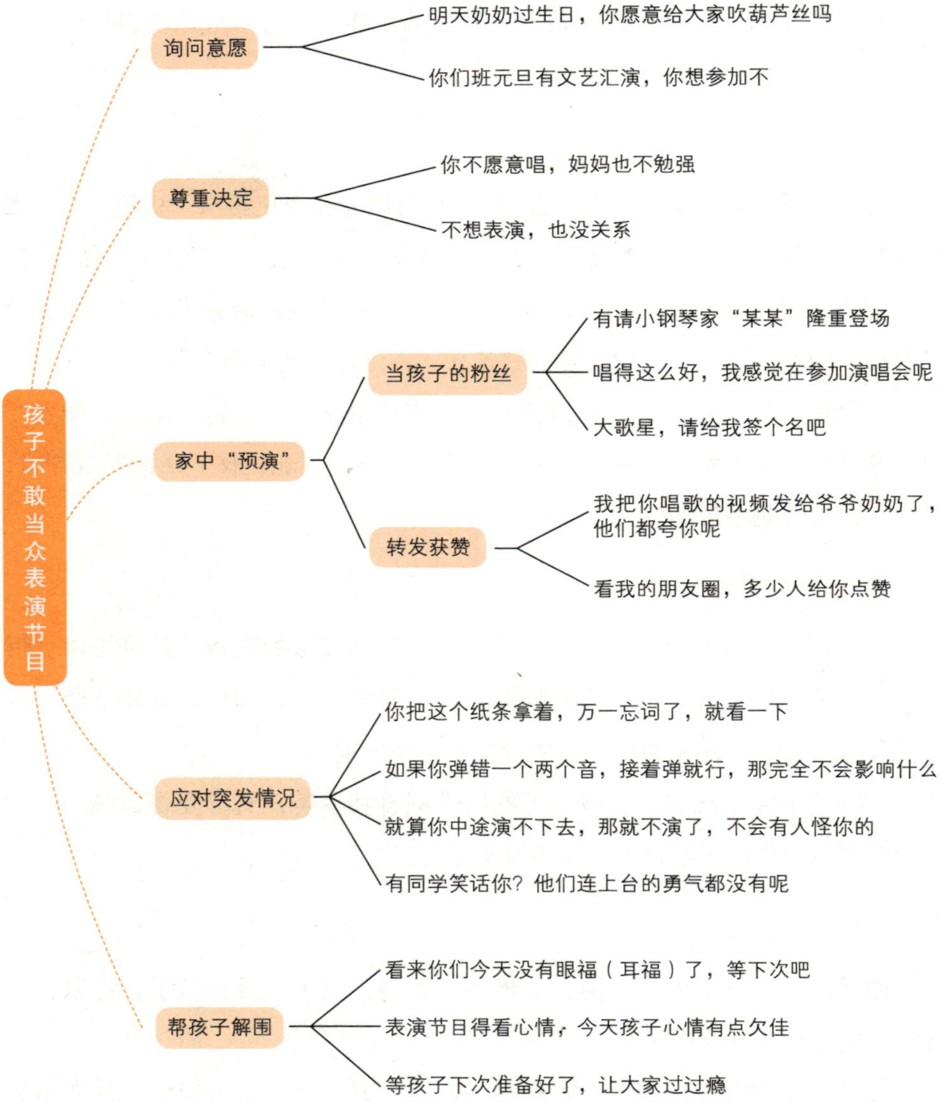
孩子不敢当众表演节目
询问意愿
明天奶奶过生日，你愿意给大家吹葫芦丝吗
你们班元旦有文艺汇演，你想参加不
尊重决定
你不愿意唱，妈妈也不勉强
不想表演，也没关系
家中“预演”
当孩子的粉丝
有请小钢琴家“某某”隆重登场
唱得这么好，我感觉在参加演唱会呢
大歌星，请给我签个名吧
转发获赞
我把你唱歌的视频发给爷爷奶奶了，他们都夸你呢
看我的朋友圈，多少人给你点赞
应对突发情况
你把这个纸条拿着，万一忘词了，就看一下
如果你弹错一个两个音，接着弹就行，那完全不会影响什么
就算你中途演不下去，那就不演了，不会有人怪你的
有同学笑话你？他们连上台的勇气都没有呢
帮孩子解围
看来你们今天没有眼福（耳福）了，等下次吧
表演节目得看心情，今天孩子心情有点欠佳
等孩子下次准备好了，让大家过过瘾

第3章

这样培养高情商会说话的孩子

孩子见人不打招呼

出门遇到熟人，父母通常会表现出极大的热情，把孩子推到前面催促：“问叔叔阿姨好！”，“问爷爷奶奶好！”有些孩子会如父母所愿，规规矩矩打招呼。而有些孩子则扭扭捏捏，直往后躲避，怎么都不肯说，让父母觉得非常尴尬，没面子。

情景回放

暑假里，公司允许带孩子来公司。好几个同事都带着孩子来上班，我也把女儿带了过去。到了公司，别人家的孩子都会大大方方地跟大家打招呼，“阿姨好”“叔叔好”。一些比较活泼的孩子用不了5分钟就能和大家混熟，成为整个办公室的“团宠”。可是，我女儿不但不向大家问好，还一个劲儿地往我身后躲。就算有同事拿着零食过来，女儿也不愿意张嘴叫人，搞得我很没面子。回家我就把她训了一顿，以后再也不想带她去公司了。

一年级馨蕊妈妈

诊断小档案

孩子为什么不愿意开口打招呼？

- 我都不认识他，干吗要打招呼
- 我不喜欢打招呼，一点儿也不好玩
- 虚伪！我和对方又不熟
- 我好怕，不敢喊
- 没心情，不想打招呼

千万不要这样说

强迫孩子打招呼

“快喊阿姨，有礼貌点儿！”

“快说奶奶好，等会去超市给你买好吃的。”

“大点声，这么小的声音谁能听得见？”

破坏自我防卫意识：孩子会把出现在身边人分为两类，即熟悉的人和陌生人。对孩子来说，自己熟悉的爸爸妈妈、爷爷奶奶是安全的，不熟悉的陌生人则是带着“危险气息”的。

父母觉得无比熟悉的亲友，对孩子来说却是不折不扣的陌生人。父母强迫孩子亲亲热热地和陌生人打招呼、交流，不仅违背了孩子的天性，还会让孩子失去警惕陌生人的本能，模糊对陌生人的判断。

当未来有人对孩子说“我是你妈妈的同事”“我是你妈妈的朋友”，孩子会自动将他们归为可以打招呼的人，而这对孩子来说，是非常危险的。

训斥“没礼貌”

“这么大了，怎么不知道叫人啊！一点儿礼貌都没有！”

“这么没礼貌的小孩，我可不喜欢。”

变得孤僻：孩子表现出不愿意与人打招呼，父母就是一顿斥责。但越是这样，孩子越是抵触、退缩，越是不喜欢和人交往，最终影响性格的发展，孩子会变得越来越自卑、内向，觉得自己不会说话，无法和别人处理好关系。甚至长大了，也不愿意主动交朋友，只想一个人待在家里。

这样说会更好

做好关系预热

如果孩子害怕陌生人，父母不妨提前给关系做一个预热，可以先介绍孩子要见的人，告诉孩子这是谁。如果以前见过，就引导孩子回忆一下以前相处的场景，让孩子有一个心理准备。比如，“这是王阿姨，妈妈的同事，上次你和我一起上班，王阿姨还给你饼干吃呢。”用诸如此类的话鼓励孩子，能让孩子消除陌生隔阂感，树立信心。

让孩子做小主人

如果孩子怕生，父母可经常请亲朋好友到家中做客，让孩子来当小主人。客人来之前，父母可以先和孩子商量如何接待、如何问候。

降低要求

在孩子还小的时候，重点培养孩子礼貌的意识。如果孩子不开口，那就退而求其次，让孩子用挥挥手或者点点头来代替。只要孩子敢于抬头正视对方，就已经是勇敢的一种表现了。

解释原因

如果孩子不愿意开口打招呼，父母可以向熟人解释一下原因，比如孩子还不习惯和陌生人打招呼，下次肯定就敢了。

听到这样的话，孩子会觉得不打招呼也不是多么严重的事，心理放松后，也会默默给自己打气，让自己下一次表现勇敢一点儿。

原谅和鼓励

有时候，我们大人也会在心情不好的时候，懒得和人打招呼。如果孩子暂时做不到，原谅一次也无妨。这次做不到，那就鼓励孩子下次再努力。

- 孩子不愿打招呼
  - 关系预热
    - 介绍要见的人
      - 等会我们要去王阿姨家，她是妈妈的同事
      - 下午你刘叔叔来咱家，我们是从小一起长大的朋友
      - 张叔会带着他的女儿来，她和你一般大，一直想和你玩呢
    - 回忆要见的人
      - 你还记得妈妈的同学周姨吗？她送过你一只小熊
      - 还记得吗？去年回老家，这个哥哥还带你捉蚱蜢呢
  - 引导做小主人
    - 问候
      - 等阿姨来了，我们一起向她问好吧
    - 接待
      - 等会客人到了，你愿意给客人倒杯水吗
      - 小姐姐来了，你愿意和她分享你的玩具吗
    - 聊天
      - 如果客人夸你，你该说什么呢
      - 如果客人想看看你画的画，你愿意吗
  - 降低要求
    - 动作代替
      - 如果你不愿意说，那就和对方摆摆手
    - 表情代替
      - 看着对方笑笑，就是打招呼了
  - 解释原因
    - 我家孩子还不太习惯和人打招呼，请见谅
    - 都怪我一直教孩子不许和陌生人说话，真抱歉
  - 原谅和鼓励
    - 这次没打招呼没关系，我知道你还没准备好
    - 等下次你就会变得勇敢了，对不对

孩子爱插话

朋友来访，或者路上遇到熟人，正和对方聊得兴起，孩子却在旁边不停地插嘴说话，不是要喝水，就是要看动画片……或者问东问西，让父母不胜其烦，也担心别人在心里吐槽孩子没礼貌、缺教养。

情景回放

那天，我的同事找我谈点事，正好赶上妻子外出，就把女儿留在了家里。我和同事聊得正在兴头上，女儿却跑过来说，她要吃饼干，我让她自己去拿，她说饼干被妈妈收起来了，她找不到。我只好先帮她找饼干，没过一会儿，她又跑过来说要看动画片，找不到台……搞得我很是恼火，我耐住性子帮她调好台，黑着脸告诉她，不许再来打扰我！但还没过5分钟，她又说要拉臭臭……最后，同事提前离开了。

——幼儿园大班菲菲爸爸

千万不要这样说

诊断小档案

孩子为什么爱插话？

- 自我表现欲强烈
- 感觉被冷落：妈妈，你别不理我
- 好奇，他们在聊什么
- 我发现了有趣的事，我要立刻与妈妈分享
- 他们在谈论我，妈妈说我不爱吃青菜，不是那样的

粗暴制止

"大人说话，小孩别插嘴！"

"去去去，一边玩去！"

"闭嘴！不要吵了。"

打击表达的积极性：父母多次粗暴制止孩子，甚至动用武力，时间长了就会发现，孩子不插嘴了，但话也少了，变得沉默了。因为孩子觉得父母不想听他说话，所以干脆就闭嘴了。孩子表达的积极性和主动性无形中被挫伤，会在人际交往中产生自卑和胆怯的心理。

放任纵容

"好，我去给你拿酸奶。"

"你过来，我们一起陪阿姨聊天吧！"

"你问的这个问题……"

习惯以自我为中心：如果父母每次都无视孩子的无礼，而给予孩子足够的耐心，或者干脆听从孩子的要求中断谈话，那么孩子就会只顾表达自己、不顾他人感受，养成以自我为中心的习惯。

不能察觉别人的情绪：不管是在打电话，还是在和朋友聊天，如果孩子插话，父母都立即耐心去满足，孩子就会认为这样做没有错，从而不懂得哪些场合应该禁言，更不会有同理心去体察他人的情绪。

这样说会更好

明确规矩

告诉孩子，在别人说话时打断对方，是非常不礼貌的行为。父母可以找个机会，让孩子感受说话被打断的心情。比如，在孩子聊天正开心时突然打断他，趁他不高兴时，告诉他随意打断别人，会令对方不开心。如果确实有话要说，可以等别人说完，告诉孩子这是一条需要遵守的规矩。

事前沟通

郑重地向孩子介绍客人后，父母可以询问孩子，自己和客人有话要谈，他是否可以自己去玩会儿，这样孩子就不会感到被忽视。如果时间比较久，可以拜托其他人来照顾一下孩子，避免孩子感觉被冷落。

给孩子参与谈话的机会

如果孩子对聊天内容比较感兴趣，可以试着让他融入进来。对孩子提出的问题，适当给予解释。当然，父母要告诉孩子选准插话的时机，而不是有了疑问或者看法，立即就说出来。父母可以隔一会儿向孩子提出问题，给他表达机会的同时，也能促使孩子认真去听。当孩子表达自己想法，显示他认真听了，父母要及时给予肯定。

给孩子一点儿话语权，让孩子充分表达自己的想法。当孩子表达的欲望得到满足，孩子就不会再乱插嘴了。

约定暗号

为了避免被孩子无端打扰，父母可以和孩子约定暗号。比如，孩子有话要说的时候可以举手，父母了解后，可以立即让孩子说，也可以把食指放在嘴边作为回应，代表请等 5 分钟。同时，也要与孩子约定，尽量用最简洁的语言表达需求，不要弯弯绕，说半天还不知道要干什么。

父母如果当时无法解答孩子的问题，就告诉他等谈话结束再解答他的疑问，并且事后一定要记得履行承诺。

孩子爱插话

- **明确规矩**
  - 打断别人说话，是很不礼貌的行为，你肯定不想做没礼貌的小孩吧
  - 如果你正说得高兴，别人打断你，你会高兴吗
  - 如果你有话说，要先说“对不起”，或者表示抱歉，再插话
- **事前沟通**
  - 等会妈妈和阿姨有重要的事要谈，你可不可以自己去房间玩会儿
  - 爸爸要开视频会议，你先去和小狗玩，完事我带你去游乐场，怎么样
  - 让奶奶带你出去玩可以吗？妈妈有个重要的电话要打
- **给孩子参与谈话的机会**
  - 你对这个感兴趣？那你在这儿听吧，等会也说说你的看法
  - 你刚才一直在听，有没有什么想说的
  - 我知道你有话说，请你稍等3分钟
  - 我觉得你这个想法不错
- **约定暗号**
  - 等会如果你有话要说，就先举下手，我就知道了
  - 如果我把食指放在嘴边，意思就是请你等两分钟，你要耐心等我一下

孩子骂人，说脏话

当孩子嘴里冒出一句句脏话，父母的第一反应往往是震惊，然后就会斥责孩子，甚至动手教训孩子。但很快父母发现，孩子还在偷偷说脏话，只是当着父母的面不敢说了。

情景回放

邻居家的孩子来串门，他兴奋地跑过来，不小心碰到了正在画画的儿子的胳膊。儿子手里的笔一下子就画了一条线出来，整幅画都被破坏了。儿子特别生气，直接冲邻居家的孩子口吐芬芳："滚开，×××，去死吧！"当时邻居家的孩子就吓呆了，我更是石化了，这孩子什么时候学会骂人了？我很快反应过来，问他为什么骂人，他撇了撇嘴，没吱声。我警告他以后不许骂人，但后来我又听到他骂人了，气得我狠狠揍了他一顿。

——三年级凯华妈妈

诊断小档案

孩子为什么说脏话呢？

- 模仿、重复自己听到的脏话
- 觉得好玩、有趣
- 很生气，用脏话来宣泄情绪
- 想要引起别人的关注
- 养成习惯，无法控制自己

千万不要这样说

反应过度

“不能骂人，这样很不礼貌。”

“你怎么骂人呢？谁教你的？”

强化记忆：孩子年龄较小时，容易受到外界影响，无意识地模仿说脏话。如果父母这时候反应过度，孩子十有八九会想：“我刚才说了啥？”这就相当于让孩子把脏话又强化记忆了一遍。而为了继续刺激父母，孩子会故意再说脏话。

袒护孩子

“孩子年纪小，不懂事，算了吧！”

“这么小就会学大人说话，这孩子真聪明啊！”

养成骂人的坏习惯：有的父母听到孩子说脏话，会对孩子进行袒护。时间长了，孩子会养成说脏话、骂人的坏习惯。一旦习惯成自然，孩子很难在短时间内改正，就容易在社交中惹是生非。

打骂

“你再敢骂一句试试！看我撕烂你的嘴！”

“小小年纪学会骂人了，我今天得好好教训教训你！”

激化矛盾：如果孩子在骂人的时候情绪特别激动，父母用打骂的方式去阻止孩子，只会激化矛盾，让孩子产生怨恨。

这样说会更好

冷处理

如果孩子比较年幼，突然冒出一句脏话，大概是模仿大人或者跟别的小朋友学的，父母不必大惊小怪，直接无视，当没听见。

告诉孩子你的真实感受

当听到孩子骂人的时候，父母可以及时向孩子表达，自己听到孩子骂人时候的感受。比如，你很生气，很难过等，当孩子发现自己的行为引发了父母的不良感受，就会愿意改正自己的行为。

解释说脏话的后果

孩子年幼时大多不懂得脏话的真正含义，偶尔“出言不逊”也大多没有恶意。父母可以用简单的语言向孩子解释，这些脏话是对别人的冒犯和咒骂，还要向孩子说明讲脏话的后果，比如让别人讨厌自己，不喜欢自己，甚至会被惹怒而动手打自己。

反省自己说脏话的行为

如果孩子是跟着父母学的脏话，那就要反省了，否则，不管父母怎么说，都缺乏说服力。孩子一句“你怎么说脏话呢”，就能让父母哑口无言，总不能回复说：“我是大人，你能和我比吗？”请在孩子面前坦承错误，并保证自己愿意改正，还可以请孩子来监督。

父母和孩子一起改正错误，虽然过程不那么愉快，但结果一定是令人欣喜的。

引导正确引起关注

当孩子是因为求关注而说脏话，他们通常年龄不大，处于渴望父母陪伴游戏玩耍的阶段。这时，父母可以引导他们正确表达自己的需求。比如，孩子因为没人陪他搭积木而骂人，父母可以蹲下来教孩子正确的说法：“妈妈，你能陪我搭房子吗”或者“妈妈，我想让你和我一起玩捉迷藏”，并告诉孩子，这样你就知道孩子的想法了。

教孩子正确表达情绪

当孩子因为发泄情绪而说脏话时，父母可以教孩子正确地表达情绪。比如，孩子输了比赛后说脏话，父母可以表示理解他的心情，同时要让他明白这样说是错误的。

光明白这些还不够，还要教会孩子如何正确表达情绪。比如，父母可以把孩子带到一个空旷的地方，教他大声喊出来。如果条件不允许，那就给他一个枕头或者其他软的东西，让他捶打，并说出真实的想法，比如："我很生气""我不想输""你们不给我买玩具，我很伤心"。

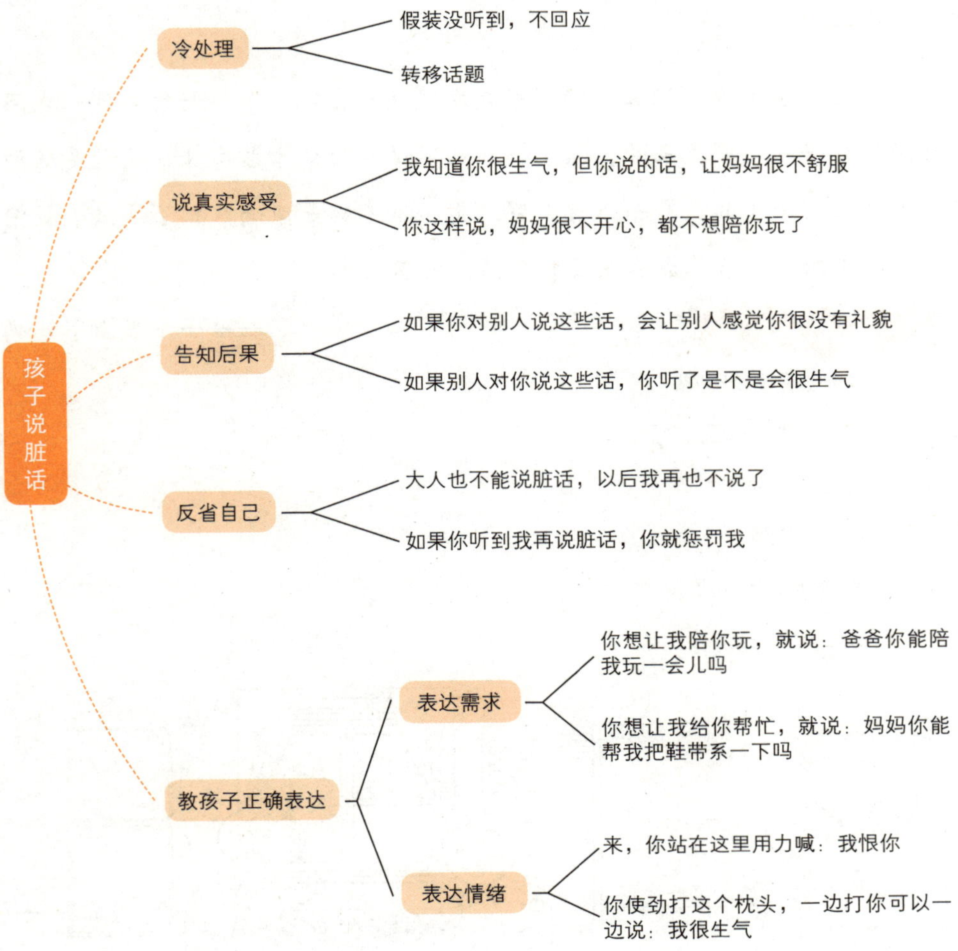

孩子未经允许偷拿别人东西

去亲戚家做客，看到喜欢的东西，就悄悄带回家；在学校，不经别人允许就使用同学的文具、书本等；甚至会把超市里喜欢的东西藏起来带走……如果孩子有偷拿别人东西的毛病，怎么办？

情景回放

带孩子去朋友家做客，回到家我发现孩子在玩一个崭新的公仔。我问孩子，公仔是从哪里来的，孩子一开始不说，后来才吞吞吐吐地说是从朋友家的书架上拿的。我一听就火冒三丈，这不就是偷吗？孩子这么小就偷人家的东西，以后养成偷东西的习惯，可怎么办？

——一年级衡宇妈妈

诊断小档案

孩子为什么会偷拿东西？

- 占有欲，想把东西占为己有
- 愿望没有得到满足
- 物权意识淡薄
- 受环境或周围人的影响
- 寻求父母的关爱

千万不要这样说

骂孩子“小偷”

“你这孩子怎么偷人家东西呢？丢不丢人？”

“这么小就学会偷东西，你现在就是个小偷你知道吗？”

“让人家把你送到派出所去，我不管你了。”

变得自卑：有的父母一旦发现孩子偷拿东西，不管三七二十一，就认定孩子是“小偷”，从此戴着有色眼镜来看孩子。父母的训斥，容易让孩子变得自卑，影响到孩子的日常生活和社会交往。

不在意

“算了吧，反正东西也不值钱。”

“他还小，不懂事，大了就好了。”

养成偷窃的坏习惯：有的父母对孩子偷拿别人东西不以为意，觉得不过就是占点便宜，有的还会直接夸奖孩子。如果父母这样做，孩子会认为偷窃是正确的，将来会屡教不改，甚至出现违法犯罪的行为。

嫌丢人

“我的脸都被你丢光了，你以后别叫我妈。”

“让人家知道你偷东西，我以后咋出门？”

自暴自弃：孩子偷东西，有的父母感觉自己颜面扫地，就把所有过错都推到孩子身上，恨不得立刻和孩子划清界限，撇清关系。在强大的压力之下，孩子会深感无地自容，有可能自暴自弃，做出过激的事情。

这样说会更好

指出偷拿的后果

父母在发现孩子偷拿别人的东西时，应该明确告诉孩子，这种行为是错误的。无论孩子说出什么样的原因，这种行为都是不被允许的。

父母应该明确告诉孩子，偷是违法犯罪行为，严重的话是要坐牢的。同时也要告诉孩子，被他拿走东西的人肯定会伤心难过。让孩子想想，假如自己喜欢的东西，被别人悄悄拿走了，自己是不是也会不开心，从而让孩子学会站在别人的角度思考问题。

建立物权的概念

孩子幼年时，对于物品所有权的意识不清晰。父母应该从孩子小时候，就教会孩子分清楚哪些东西是他的，哪些东西是别人的，比如衣服等个人物品或钱等。父母要告诉孩子，不要随便拿别人的东西，教会孩子尊重他人的财物。

适度满足孩子的需求

小孩子想吃零食，想买玩具，想买新衣服，可以适度满足。比如，孩子喜欢吃糖，可以允许孩子一天吃一两块；孩子想要一个毛绒玩具，可以让孩子用自己的零花钱去买；孩子想要吃一块蛋糕，可以买给孩子。被满足的孩子，内心充满了温暖和爱，就不容易因为匮乏感或者担心父母不给自己买而偷拿别人的。

改正后及时表扬

当孩子懂得了征求别人的意见后，再去拿别人的物品，父母一定要及时给予肯定和表扬。如果被拒绝，父母要教孩子理智面对，告诉孩子那是别人的东西，别人有支配权，不必因此怨恨对方。

孩子偷拿别人东西

- 告知偷拿后果
  - 告诉孩子这是错的
    - 我知道你喜欢这个小汽车，但那是别人的，不能拿
    - 不经别人同意，就把东西拿走的行为是违法的
  - 让孩子换位思考
    - 你拿走别人喜欢的机器人，别人会很伤心的
    - 要是你喜欢的东西，被人偷偷拿走，你会生气吗
- 建立物权概念
  - 分清物品所有权
    - 这个橙色的球是你的，那个蓝色的球是弟弟的
    - 你房间里的东西，我和爸爸都不会随便动
  - 征求对方同意
    - 如果你想玩姐姐的迷你厨房，要和她商量一下
    - 如果你想借用同学的橡皮，要问问对方是否可以
    - 别人同意了，你要说谢谢。别人不同意，也是正常的
- 满足合理需求
  - 满足请求
    - 你想吃蛋糕？妈妈给你买一块
    - 大白兔奶糖给你买来了，但你一天只能吃两颗哦
  - 给零花钱
    - 这是你一周的零花钱，你可以买自己喜欢的东西
    - 你现在也是有“钱”人了，用它去实现你的愿望吧
- 改正后表扬
  - 这次去阿姨家做客，你没有拿小哥哥的玩具，妈妈给你点赞
  - 你经过哥哥的同意，才玩他的玩具，妈妈要表扬你

孩子爱说谎

考砸了，说谎；弄坏了物品，说谎；弄丢了东西，说谎；想要零花钱，说谎……对一些孩子来说，谎话张口就来，根本不用思考，甚至能做到心不慌、脸不红……

情景回放

下班回到家，准备倒杯水喝，发现我一直用的玻璃杯不见了。我就问儿子看到玻璃杯了吗，他摇摇头，继续低头玩玩具。吃饭的时候，我无意中看到垃圾桶里的玻璃碎片，才知道玻璃杯摔碎了。我问是谁摔碎的玻璃杯，儿子低头不说话。我再问，儿子就说是家里的猫把杯子碰倒了。我调出家里客厅的监控，看到明明是儿子干的，却要诬赖猫，我很生气。一个杯子不值多少钱，摔了事也不大，但是孩子说谎，我就很难接受。

——二年级明杰妈妈

诊断小档案

孩子为什么会说谎？

- 怕挨骂、挨打
- 满足虚荣心，胡说瞎吹
- 掩盖事实
- 逃避不愿做的事情
- 怕爸爸妈妈生气、发火

千万不要这样说

不信任

“你就是个说谎精，我以后都不相信你了。”

“小小年纪就会骗人了，以后还了得？”

很受伤：连最亲近的父母都不信任自己，还有谁会相信自己呢？不被信任，会让孩子很受伤，一生都在寻求肯定。

打骂长记性

“你知道错了，我也得打你，让你长点记性。”

“你以为承认错误就跑得了吗？我今天非得教训你不可。”

隐瞒事实：父母的恐吓和责打虽然能震慑到孩子，但是并不能保证孩子不再说谎。有的孩子会记住下次犯错争取不被父母发现，会想尽办法去圆谎，结果孩子不但没变得诚实，反倒更加“狡猾”。

有报道称，一个9岁小男孩被狗抓伤，怕被责骂不敢告诉家长，结果感染狂犬病，经抢救无效死亡。

当面拆穿

“我问过老师了，根本不是你说的那样。”

“你洗手了吗？洗了怎么还那么脏？睁着眼睛说瞎话。”

自尊心受到伤害：无论孩子的外表看起来如何，他们说谎时心里肯定很紧张、很害怕。如果他们的谎言被父母当面戳穿，孩子会很难堪，颜面扫地，自尊心造成很大的伤害。

逼孩子“坦白”

“到底是怎么回事？老实说！”

“你最好给我解释清楚了，不然今天就让你的屁股开花！”

用谎言掩盖谎言：有的父母识破了孩子的谎言，就逼迫孩子坦白。父母的严厉，反而会迫使孩子用谎言掩盖谎言，导致孩子更加内疚和不安，父母则会更加愤怒。

这样说会更好

暗示点拨

发现孩子说谎，父母可以先顺着孩子的话，从谎言的漏洞中寻找突破口，点拨孩子。比如孩子灰头土脸地回家，说是别的小朋友弄的。父母可以顺着孩子的话，说要去找对方，这时孩子就会意识到谎言露馅了，会心虚地低下头。然后，父母就可以适时地问他："你是不是害怕我们批评你，说假话了？"

发现孩子撒谎时，父母也可以暗示自己已经知道事实的真相，但愿意给他一个机会去做一个诚实的孩子。这就相当于给了孩子一个台阶，引导他做出主动坦白的选择。

幽默回应

假如是无关痛痒的小谎言，父母不必变脸指责孩子，可以用幽默的语言回应孩子，让孩子明白，父母知道他在说谎。比如孩子手很脏，却撒谎说自己洗完手了，可以问问孩子是不是用黑色的水洗的手。孩子听到后会忍不住笑出来，此时当父母提醒他要不要再用干净的水洗一下时，他会很乐意去。

幽默的回应，既能让孩子认识到自己的错误，又维护了孩子的自尊。而父母轻松的反应，也会让孩子明白犯错了也没什么，从而不再说谎。

温和沟通

本来孩子就是怕被批评才用谎言掩盖错误，所以，父母发现孩子说谎后，应尽量温和地询问事情的细节和经过，以及孩子为什么要说谎。

如果孩子已经知错，或者已认错，并为说谎而内疚时，父母应及时表达原谅，避免反复唠叨，让孩子产生逆反的心理。如果孩子不肯认错，父母可以平静而温和地告诉孩子，自己很伤心，因为以后没办法全心全意地相信他了。

表扬孩子的诚实行为

对于孩子诚实的行为，比如勇敢承认摔坏了玩具、坦白考试没考好等，父母应该积极主动地去表扬他、鼓励他，比如说："你今天勇敢承认错误，值得表扬。"让孩子意识到只要自己不说谎，父母就会夸奖他。父母的肯定可以从源头减少孩子说谎的行为，强化孩子诚实的意识。

错怪孩子要道歉

如果事实证明孩子没有说谎，父母却怀疑他说谎，请一定真诚地向他道歉，恳求他的原谅。

有一个车主的车被划了，通过监控发现一个孩子，车主因此认定是他划的，孩子却怎么都不肯承认。因为监控里只有这个孩子，父母也认定是他划的，对他的死不认错非常生气。幸运的是警察进行了更细致的调查，发现车主的车是在别处被划的。想想看，当父母都认为孩子在说谎，孩子的内心会有多痛。

父母不要轻易怀疑孩子，除非证据确凿。万一错怪了孩子，请对孩子说"对不起"。

- 孩子说谎
  - 暗示点拨
    - 找破绽
      - 你说是弟弟把碗打碎的？可你弟弟一整天都在爷爷家啊
      - 你说是同桌把你的橡皮掰碎的？我等会找他妈妈问问吧
    - 暗示坦白
      - 事情我都知道了，如果我保证不批评你，你愿意和我说实话吗
      - 如果有一个机会，让你当一个诚实的小孩，你愿意抓住这次机会吗
  - 幽默回应
    - 咱家可能来了个贪吃的小精灵，把你的一大袋饼干都吃完了
    - 你的铅笔和橡皮是不是打架了？橡皮受伤了，铅笔逃走了
  - 温和沟通
    - 询问原因
      - 你是因为害怕被批评才说谎的吗
    - 认错说原谅
      - 你认错了，就是好孩子，妈妈已经原谅你了
    - 不认错说伤心
      - 我已经不是值得你信任的人了吗？好伤心
  - 表扬诚实
    - 你能主动认错，妈妈特别感动。妈妈要奖励你
    - 你打碎了花瓶，主动承认了错误，你是个勇敢的孩子
  - 错怪道歉
    - 对不起，宝贝，妈妈错怪你了
    - 我真心向你道歉，你能原谅妈妈吗

孩子不敢主动和小朋友玩

有的孩子性格外向，活泼开朗，到哪里都能很快和其他小朋友打成一片。也有的孩子虽然很羡慕别人一起玩得开心，自己却不敢主动加入，哪怕父母鼓励他不要怕，他也不肯过去，怎么办？

情景回放

我女儿一点儿也不合群。学校老师和我说，每次小朋友们在一起玩的时候，她就自己一个人躲在角落默默地看着。我害怕女儿变得越来越孤僻，想让她性格外向一点儿，就经常带着她出门、去别人家做客，要求她一定要和别的小朋友一起玩。女儿每次都特别不愿意，特别害怕。

——幼儿园中班静琪妈妈

诊断小档案

孩子为什么喜欢一个人玩？

- 天生性格内向、敏感
- 曾经被孤立过、被拒绝过、被排斥过
- 不知道如何和别的孩子相处
- 表达能力差
- 有生理缺陷，怕被嘲笑

千万不要这样说

强迫孩子和别人玩

"你看人家不是都在一起玩呢吗？你也过去啊！"

"这有什么可怕的？你多和人家玩几次不就熟悉了吗？"

对社交产生焦虑和恐慌：有些父母认为孩子只要经常和陌生人交流，就能逐渐变得外向起来。为了锻炼孩子，父母会要求甚至逼迫孩子主动融入其他同龄人的圈子里。这种"赶鸭子上架"的办法，只会让孩子对于社交感到焦虑和恐慌。

埋怨孩子性格孤僻

"你看看人家君君多大方啊，再看看你，怎么连话都不敢说？"

"你这么内向，长大以后怎么进入社会啊？"

变得更加内向：有些父母认为外向开朗的孩子更有出息，觉得自己的孩子太内向，忍不住埋怨孩子。这会让孩子变得自卑，从而更加胆小、内向、自我封闭。

这样说会更好

了解孩子内心的顾虑

有的孩子不愿意交际，其实是因为他在和同龄人交往过程中曾遇到过问题，自己又不会解决，备受打击，因此对交往产生畏惧。父母应该尝试了解这些顾虑，询问孩子为什么总是自己一个人玩，为什么不愿意和别的小朋友在一起。了解孩子的顾虑后，父母才能从根本上帮助孩子解决问题，打消顾虑，解开心结。

制造接触外人的机会

有些孩子接触外人的机会比较少，再加上从小比较胆小、害羞，所以不敢和别人说话，想要和小朋友一起玩也不敢开口。父母可以多带孩子去公园、游乐场、广场等公共场所，并且鼓励孩子参加各种集体活动，比如让孩子多和公共场所里其他的小朋友接触，让孩子多参加学校、小区里组织的各种活动。孩子经常去人多的地方，在面对外人时会更加坦然，不会那么容易害羞。

通过“角色扮演”适应社交

为了防止孩子突然面对一堆陌生人感到害怕，父母平时可以在家中和孩子玩“角色扮演”的游戏，父母扮演陌生朋友，让孩子尝试和自己相处、交往。比如，假设你们在游乐场，父母扮演小区里的小朋友跟孩子打招呼，并邀请他一起玩，玩耍过程中尊重他，征求他的意见……这能让孩子有一个慢慢适应的过程，逐渐学会与小朋友交往。

教孩子交朋友的技巧

有的孩子不敢与人交往，多半是因为缺乏交往的技巧。父母可以教孩子如何和小朋友对话，比如，可以试着询问对方喜欢什么，平时都去哪里玩。找到共同的兴趣爱好后，孩子就可以与其他小朋友开心聊天，或是相约一起做喜欢的事。

父母还可以教孩子一些快速和别人熟络起来的技巧。

技巧一：会夸人。父母可以教孩子学会观察对方的优点并说出来。这里所说的优点可以是对方的穿着、配饰，也可以是他们手里的物品。比如，夸对方的裙子漂亮，发卡很好看，也可以赞美对方手里拿的卡片、玩具等。孩子的思维简单，语言也会很直白，觉得对方哪里好，夸就对了。嘴巴甜的孩子，永远不会缺朋友。

技巧二：提供帮助。如果孩子想要融入一个小团体，和他们一起玩，不要让孩子说“我可以和你们一起玩吗”，那就等于给了对方拒绝的机会。可以教孩子去提供一些帮助，比如，如果几个孩子在玩球，可以让孩子去帮忙捡球，帮着帮着，自然而然就和大家玩到一起了。

技巧三：分享和互换。孩子拿自己的玩具和别人换着玩，通常不容易被拒绝。毕竟，新鲜的玩具，对孩子总有天然的吸引力。

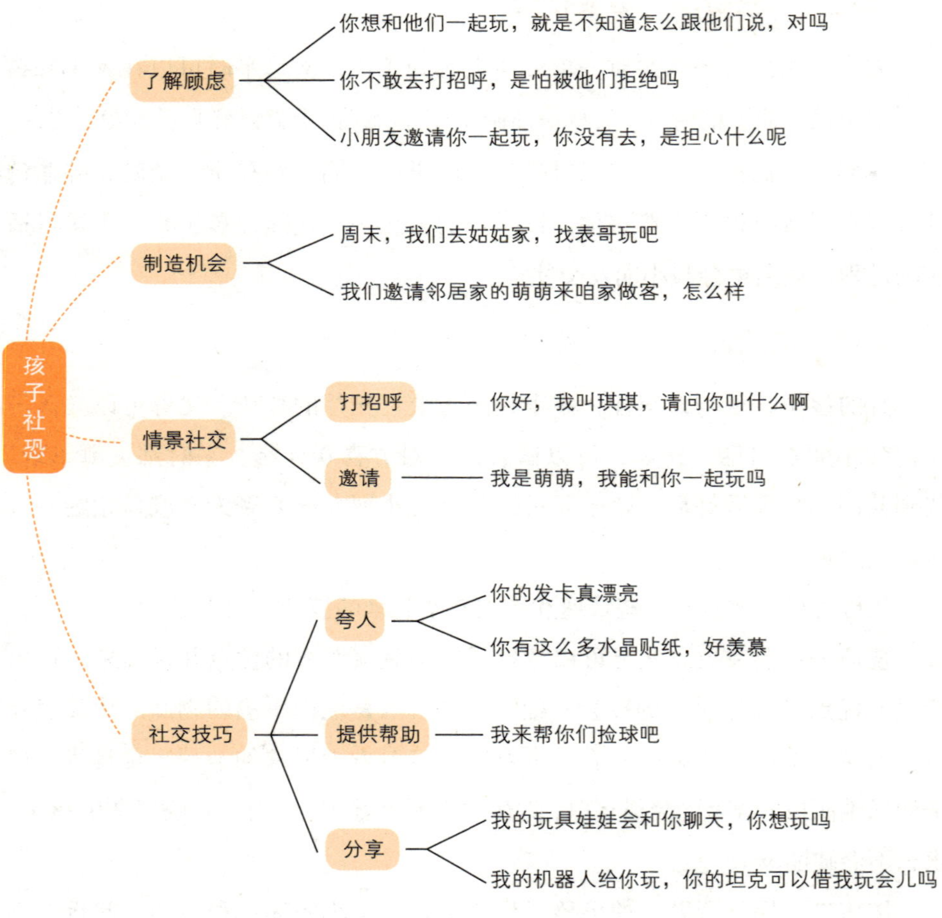
孩子社恐
了解顾虑
你想和他们一起玩，就是不知道怎么跟他们说，对吗
你不敢去打招呼，是怕被他们拒绝吗
小朋友邀请你一起玩，你没有去，是担心什么呢
制造机会
周末，我们去姑姑家，找表哥玩吧
我们邀请邻居家的萌萌来咱家做客，怎么样
情景社交
打招呼
你好，我叫琪琪，请问你叫什么啊
邀请
我是萌萌，我能和你一起玩吗
社交技巧
夸人
你的发卡真漂亮
你有这么多水晶贴纸，好羡慕
提供帮助
我来帮你们捡球吧
分享
我的玩具娃娃会和你聊天，你想玩吗
我的机器人给你玩，你的坦克可以借我玩会儿吗

第4章

如何帮孩子改掉坏习惯

孩子喜欢吃零食

对于各种花花绿绿的糖果，孩子完全没有抵抗力。父母却闻糖色变，担心孩子有蛀牙、长胖，几乎是全方位无死角监控着孩子不许吃糖。不只是糖，其他零食也一样。但过度禁止孩子的欲望，对孩子来说真的好吗？

情景回放

女儿特别爱吃糖，在外面看到卖糖果的店铺就走不动路，非买不可。迫于无奈，只好给她买回来。为了避免她一下子吃太多，我就和她商量，每天最多吃两颗。但她总是偷偷吃，我只好把糖藏起来。找不到糖，她就会让爷爷奶奶给买，爷爷奶奶有时候就会偷偷给她买。我不是不舍得让她吃糖，是害怕她有蛀牙、长胖。但是女儿才不管这些，就是忍不住要吃。

——一年级乐瑶妈妈

诊断小档案

零食为啥那么受孩子欢迎？

- 吃糖让我很开心
- 喜欢零食漂亮的包装和造型
- 糖口感脆脆的，感觉很好
- 零食有烤肉味、番茄味，太棒了

千万不要这样说

完全禁糖

"不许吃糖，吃糖会长蛀牙！"

"我不是和你说了，不管谁给你的糖，都不可以吃！"

过度补偿心理：小时候被禁止吃糖的孩子，长大后一旦自身有了条件，就会沉迷于糖果不可自拔，完全彻底放飞了自我。家里糖果成堆，吃不完也要买，就是对童年欲望得不到满足的疯狂补偿。

怨恨父母：看着别的小朋友吃糖吃得津津有味，自己只能眼巴巴看着，对糖的渴望都会变成对父母的愤怒和怨恨。相反，那些被允许吃糖的孩子，和父母的亲子关系会更好，也会更有幸福感和安全感。

偷钱撒谎：父母不给买糖吃，孩子就会萌生偷钱自己去买的念头。一旦有了第一次，孩子尝到了甜头，就会有第二次、第三次，为了不被发现，免受惩罚，孩子还会撒谎掩盖真相。

把零食作为奖励

"你好好吃饭，等会奖励你一块巧克力。"

"你要是听话，妈妈就给你买棒棒糖。"

"你要是不哭了，我就给你买一盒夹心饼干。"

增加对零食的渴望：如果父母总是拿零食来奖励孩子，只会增加孩子对零食的渴望。比如，你允诺说吃完饭给孩子吃糖，他就会一直惦记着吃糖，而无心吃饭。

这样说会更好

事先做好约定

对于吃零食，父母可以跟孩子约法三章，控制孩子吃的量。比如，和孩子约定一天吃多少、什么时候吃等。毕竟孩子尚不能自我约束，需要大人来督促。

普及零食的知识

孩子上了幼儿园，有了一定的理解力，父母就可以给孩子普及一些关于糖果零食的知识。比如，告诉孩子糖吃多了，牙齿会长虫子。再比如，哪些零食要少吃，哪些零食比较健康。或者列出健康零食的好处，让孩子思考后自己做选择。等孩子上了小学，有了一定的文字基础，就可以教孩子看零食的配料表，告诉孩子，哪些配料对身体有害，引导孩子进行自我约束。

延迟满足

孩子想吃糖，不必第一时间答应，可以延缓一下时间，让孩子学会等待，锻炼自我控制力，就像那个著名的棉花糖实验。不过等待的时间要慢慢延长，年龄越小，孩子的控制能力越差。如果两岁的孩子想吃糖，你让他等到明天再吃，那不现实，也不符合孩子的生理发展。自控力也需要慢慢锻炼，父母可以从短时间慢慢向长一点儿的时间过渡，比如从 1 分钟开始锻炼，慢慢过渡到 5 分钟、10 分钟。

最重要的是，如果父母答应了孩子过一会儿吃，那么时间到了就要兑现，不可以言而无信。

督促孩子吃完漱口

父母如果担心孩子吃零食多了会得蛀牙，就要督促孩子养成吃完漱口、刷牙的好习惯。毕竟蛀牙并不只是吃甜食导致的，其他任何食物残渣留在牙齿上，如果不及时清洁，都可能导致蛀牙。

- 孩子爱吃零食
  - 事先做好约定
    - 糖吃多了牙齿会长虫子，一天只能吃一块哦
    - 这一盒饼干都是你的，但你一天最多只能吃两块
  - 普及零食的知识
    - 吃糖为什么会长蛀牙？因为你一吃糖，口腔里的细菌就活了，它们会产生酸性物质，破坏牙齿
    - 辣条、巧克力、蛋糕等，都是高糖、高盐、高热量食物，对身体不好，平时要少吃点
    - 坚果、水果、酸奶，这些健康的小零食，可以适当吃
    - 你看这个零食，连生产日期都没有，生产厂家也没有，就是“三无”产品，不能吃
  - 延迟满足
    - 你想吃棒棒糖？家里没有，妈妈明天带你去买吧
    - 如果你能等我5分钟，我们就一起去超市买你最喜欢的草莓味果冻
    - 10分钟到了！这是你要的动物小饼干
  - 督促孩子吃完漱口
    - 吃完糖，要记得漱漱口，把细菌冲走
    - 我看到你的牙齿上都是巧克力，细菌都来了，赶紧去刷牙
    - 把牙齿刷得又白又亮，就不会有蛀牙了

孩子挑食，不喜欢的饭菜一点儿不吃

很多孩子不吃菜、不吃肉、不吃鱼、不吃蛋、不喝奶，一看饭桌上没自己喜欢的菜，宁可饿着也不肯吃饭。孩子挑食，真的是让父母很伤脑筋。

情景回放

为了让儿子长高长壮，我就学着做儿童营养餐，学习各种饮食搭配。可是，儿子根本不好好吃饭，不爱吃绿叶菜，不爱吃鱼肉，牛奶也不喝。最爱吃炸鸡、薯条，每周都要去肯德基，尽管我经常和他说这不健康，但他就是不听。

我每天耗尽心思换着花样做饭，就希望儿子能多吃点，但没什么效果。爸爸也会在餐桌上强迫他吃肉、吃菜，他万分不情愿，家里每次吃饭都像打仗一样。

——一年级凯凯妈妈

诊断小档案

孩子为什么会挑食、偏食？

- 吃太多零食
- 消化不良
- 缺锌
- 父母挑食
- 饭菜单调、乏味

千万不要这样说

逼孩子吃

"把碗里的饭都吃了，不吃完不许走。"

"不吃完不许出去玩。"

抵触吃饭：很多父母看到孩子挑食，就会训斥、威逼孩子吃饭。这样可能会让孩子不得不听话，但是并不能起到持久的作用，孩子会在心里更加抵触吃饭。

爱吃啥给啥

"你不是爱吃肉吗？妈妈给你做了排骨。"

"不爱吃胡萝卜？那就吃别的，把胡萝卜都给我。"

只吃肉不吃菜：孩子只吃肉不吃菜，会导致能量过剩，容易长胖，也容易消化不良，出现便秘等症状。而且，光吃肉不吃菜，也容易缺乏维生素C，导致牙龈出血等。

只吃菜不吃肉：孩子只吃菜不吃肉，会因为蛋白质摄入不足而营养不良，出现身体瘦弱、贫血等症状。

这样说会更好

控制饭前的零食数量

孩子在餐前吃的零食、喝的饮料过多时，会产生很大的饱腹感，在吃正餐时就没有食欲了。父母想让孩子多吃饭、不挑食，就不要在餐前给孩子太多零食和饮料，特别是要少吃饼干、糖果、薯条等热量过高的食物。

邀请孩子制作食物

要激发孩子对食物的兴趣，可以带孩子去菜市场购买食材，让孩子动手挑选。制作食物的过程也可以请孩子一起参加。包饺子的时候，让孩子擀皮，或者捏自己喜欢的形状。切菜的时候，教孩子正确使用刀具。还可以教孩子做煎蛋、煮面、烤蛋挞等简单的食物。

自己参与制作的食物，因为有自己的付出在里面，自然有一定的吸引力，孩子都会比较喜欢吃。

借助动画片里的人物

如果孩子有特别喜欢的动画片，那就可以把里面的人物请出来，用他们喜欢吃的食物，来吸引孩子去尝试。比如，告诉孩子这是佩奇最喜欢的菠菜饼，孩子因为喜欢佩奇，就会愿意去品尝。

让食物变得有趣

亮丽的颜色、卡通的造型，对孩子来说都有很大的吸引力。有位妈妈把迪士尼动画片中的形象都搬到了餐桌上，用蛙鱼、面条搭配出《疯狂动物城》中的树懒闪电；用鸡肉、土豆泥、土豆皮、胡萝卜等拼成《飞屋环游记》里的卡尔……还有的妈妈用苹果和西蓝花摆出了在水里嬉戏的天鹅。

如果你觉得拼盘造型太有难度了，用一些简单的模具也可以印出孩子喜欢的爱心形、小花形、五角星形等。漂亮的造型，总会让孩子食欲大增。

使用孩子喜欢的餐具

孩子出现挑食的情况时，父母不要逼迫孩子吃饭，而是要让孩子觉得吃饭是件有趣的事情。父母可以征求孩子的意见，给孩子买他喜欢用的碗，或者把家里的餐盘更换成孩子喜欢的形状。吃饭的时候，把食物放进孩子喜欢的餐盘里，即使是讨厌的食物，孩子也会变得喜欢起来。

把蔬菜藏起来

对于孩子不喜欢的胡萝卜、西蓝花、菠菜等，可以改变食物的外表，将它们做成其他形状，这样孩子就不会特别抗拒。比如，可以榨成汁或者打成泥，放入模型中制成特殊形状，或者将食物剁碎和别的东西一起调成馅，做成包子、饺子。

- 孩子挑食
  - 控制零食
    - 妈妈做了你最喜欢的糖醋鱼，你先不要吃饼干了
    - 马上开饭了，你只能吃一片薯片，不能吃多了
  - 邀请动手
    - 宝贝，你可以用这个模具把面条印成小花
    - 这是你包的汽车饺子，等会煮给你吃
  - 搬出动画人物
    - 这可是佩奇最喜欢的菠菜面了，你要不要尝尝
    - 这可是《汪汪队》里的咕咕鸡下的蛋，好香啊
    - 熊大和熊二也爱吃玉米呢，你要不要来点
  - 把食物变得有趣
    - 造型有趣
      - 像不像《冰雪奇缘》里的艾莎？真舍不得吃
      - 这是一只小狗，它的毛是肉松做的，哈哈
      - 我们今天吃熊猫寿司！看它的大肚子
    - 故事有趣
      - 兔子去超市买胡萝卜，结果卖完了，然后它发现一根绿色的萝卜
      - 一个胖胖的土豆正在土里睡觉，忽然……然后就变成了这盘土豆丝
    - 餐具有趣
      - 把米饭放在你的老虎盘里吧
      - 你碗里的小兔子也饿了呢
  - 把蔬菜藏起来
    - 这是刚榨的胡萝卜苹果汁，颜色真漂亮
    - 彩色的小馒头，喜欢吗
    - 美丽的彩色饺子，来啦
    - 刚出锅的五彩煎饼，我都流口水了

孩子非要看电视才肯吃饭

吃饭时必须看电视、看手机、看平板，否则就吵闹不吃饭。无奈，父母只好打开电视，孩子安静了，开始盯着屏幕往嘴里送饭，但这样用餐的危害其实也很大。

情景回放

每次叫孩子吃饭，连催带哄好几遍都没用。没办法，我只能在吃饭时打开电视，给孩子看动画片。别说，这招还真有效果，孩子每到饭点就乖乖等着吃饭。可是，从此他吃饭再也离不开电视了。只要不让他看电视，他就哭闹着不肯吃饭。

——幼儿园中班彦泽妈妈

诊断小档案

孩子为什么喜欢边吃饭边看电视？

- 习惯了一边看电视，一边被喂饭
- 感觉很享受
- 动画片好看
- 感觉很自由

千万不要这样说

用看电视哄孩子吃饭

“别哭了，你看宝宝巴士开始了。张嘴，妈妈喂你吃。”

“给你看熊大，你把这碗饭吃完可以吗？”

“快点吃，吃完再让你看一集。”

影响专注力：孩子在吃饭时本应该集中注意力，但是边看电视边吃饭会分散孩子的注意力。时间久了，孩子的专注力就会比较差。在他做其他事情时，精力也很难集中起来。

容易长胖：孩子吃饭时看电视容易分心，意识不到自己吃了多少东西，可能明明吃饱了却没有察觉，于是吃下了更多的食物，久而久之就会长胖。

影响视力：孩子在吃饭时看电视、看手机、看平板，会增加孩子接触电子屏幕的时间，给孩子的眼睛带来额外的负担，影响视力。

用关电视威胁孩子吃饭

“你再不好好吃，我就把电视关上！”

“快点吃！不吃，就别看了！”

“把电视关了。你好好吃饭，吃完再看。”

激发对抗：发现孩子不好好吃饭，父母就威胁孩子要关电视，孩子得到的信息是“妈妈在威胁我”，感觉到不公平，很容易激起孩子的对抗心理。为了看电视，孩子表面上加紧了吃饭的速度，实际上对吃饭更加厌烦。

这样说会更好

设定规则

要避免孩子养成一边看电视一边吃饭的坏习惯，父母一定要提前设定好规则：吃饭的时候，不许看电视或者听电视。

有的家庭习惯在电视前的茶几上吃饭，还有的家庭虽然在远离电视的餐桌上吃饭，但会把电视开着。这都是很不好的习惯，不管在茶几上，还是在餐桌上吃饭，一定要等关掉电视后，再开饭。

提前通知孩子吃饭的时间

当孩子正在看电视、玩手机、看平板的时候，父母应提前通知孩子吃饭的时间，让孩子准备好吃饭。比如距离开饭还有 10 分钟，父母可以提醒孩子，现在还可以再看一会儿，但是等到了吃饭时间，就过来吃饭。

当孩子过来吃饭时，父母可趁机关掉电视。父母还可以提前和孩子约定一件事件作为吃饭的开始，比如洗手、坐到椅子上、帮忙摆碗筷等。让孩子提前在心里做好准备，就不会那么抗拒放下手机和电视了。

给孩子讲讲看电视吃饭的坏处

如果孩子年龄还小，父母可以用形象的语言给孩子讲述，一边看电视一边吃饭的坏处。可以讲一个卡通人物，或者一个别的小朋友，一边吃饭一边看电视，最后变成了一个沙发土豆……

培养孩子专注吃饭

如果孩子能专注于吃饭，眼里只有食物，就不会嚷嚷着要边看电视边吃饭了。那么，父母应如何培养孩子专注吃饭?

一个方法是规定吃饭的时间。当把饭端上桌后，父母要先告诉孩子，吃饭的时间是 25 分钟，不能超过 30 分钟。如果孩子没有在规定的时间之内吃完，父母就要把碗拿走，即使孩子没吃完、没吃饱，也要拿走。有规则就必须做到，否则孩子会认为父母只是说说而已，仍然会边吃边玩。

有个视频很有趣，只见女儿在餐桌前坐着，用叉子拨弄着餐盘里的煎蛋，旁边是一杯牛奶和一块面包。文字提示，女儿这样已经做了足足 30 分钟，餐盘里的鸡蛋、面包，杯子里的牛奶都还基本保持着原样。这时，肩膀上挎着一只粉色书包的爸爸走过来，一只手拿起面包塞进嘴里，另一只手把鸡蛋塞进嘴里，又咕咚咕咚把牛奶灌下去，然后，对女儿说:“我都替你吃饭了，走吧！”女儿懵懂地看看爸爸，从椅子上滑下来，跟着爸爸走了。

另一个方法是给孩子自由。如果孩子还小，可以允许他用手抓着吃饭。如果孩子吃饭的时候，把饭菜弄得脸上、桌子上、地上都是，父母也不要责怪。掌握一门技能，需要时间，需要练习。吃饭就是一门技能，让孩子自己摸索，从中获得乐趣，他就会专注于食物，而不是别的。

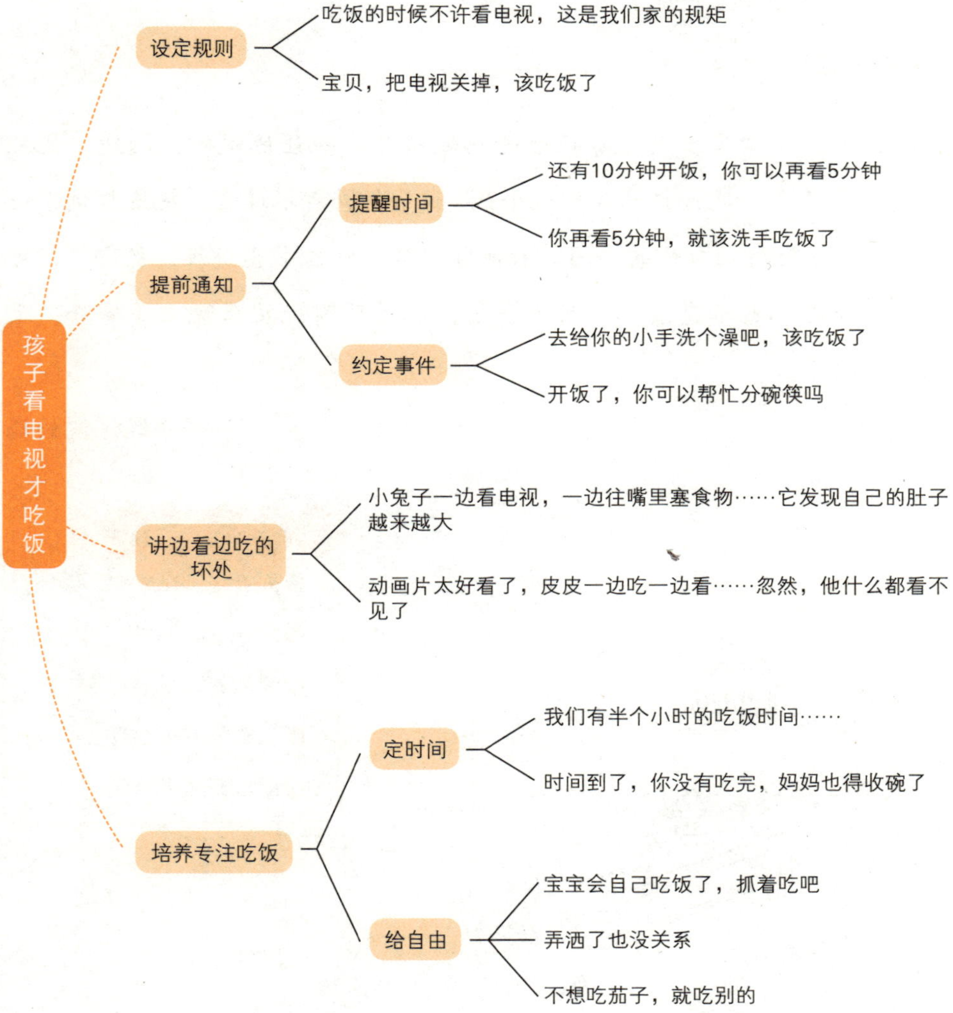

孩子不愿意做家务

妈妈做饭、擦地、洗衣服……孩子在旁边玩，也不会伸手帮一把。有父母吐槽自己孩子，别说油瓶倒了都不扶一下，就是自己的床、自己的书桌也懒得收拾。孩子在家什么都不干，怎么办?

情景回放

孩子上小学了，我准备让他开始做家务。一让他洗碗、扫地，他就嚷嚷:“我不干，凭什么让我干这个?”孩子爸爸看不过去，把他教训了一顿。我又让他打扫自己的房间，教他叠衣服、收拾书桌。教是教完了，可他还是一点儿也不愿意干。我说多了，他还顶嘴说反正晚上还要睡，干吗要叠被子。

——一年级浩波妈妈

诊断小档案

孩子为什么不愿意做家务?

- 父母过度的保护
- 缺乏父母的引导和鼓励
- 做家务的积极性受挫
- 担心做不好被嘲笑

千万不要这样说

指责孩子懒

“地上这么脏，你就不会扫一扫吗？”

“吃完饭撂碗就走，就不能帮忙收拾一下吗？”

让孩子更懒惰：消极的评价只会助长消极的行为。如果父母经常指责孩子懒惰，这样并不会让孩子变得勤快，反而会让孩子变得更懒惰。

抱怨自己累死了

“我每天上班，回来还要做家务，把我累死算了。”

“你没看到我这么忙吗？也不知道过来帮我一下，没一定眼色！”

远离父母：没有人喜欢和爱抱怨的人在一起。父母经常抱怨自己很辛苦、很累，孩子心里会产生厌烦的情绪，久而久之，和父母说话会变得不客气、不耐烦，对父母的话也不会在意，恨不得远离父母。

抱怨孩子做得不好

“看看你扫的地，我还得再扫一遍。”

“我让你叠衣服，不是让你揉成一团。”

“算了算了，还是我来吧！”

下次再也不做了：当孩子帮了忙，父母不仅没有表扬，反而指责，这里做得不好，那里做得不好，各种挑剔。不要说是孩子，就是我们大人，下次也不愿意再伸手帮忙了。反正不干挨批，干了还是挨批，还不如不干。

这样说会更好

从孩子喜欢做的事情开始

想让孩子学着做家务，父母不要从一开始就给孩子分配很复杂的任务，这会让孩子感到无从下手。可以从简单处入手，最好是孩子喜欢做的事情，比如给花浇水、扫地，等等。还可以从孩子分内的事情开始锻炼，比如让孩子收拾自己的玩具、书籍和书包，慢慢地培养孩子的动手能力。

给孩子一种仪式感

父母引导孩子做家务时，可以通过一些手段，带给孩子一种仪式感。孩子的年龄越小，越需要这种仪式感，这样还能培养孩子的责任感。比如给孩子买一套做家务的专门用具，像扫把、厨师帽、小围裙、儿童专用的刀具等，既方便孩子使用，又能让孩子有足够的体验感和参与感。

给孩子一个“职务”

父母除了给孩子安排合适的家务职责之外，还可以给孩子安排一个“职务”，比如“大堂经理”——负责客厅的卫生，“内务部长”——负责整理衣服等。这些“职务”可以让做家务更加有趣，还能让孩子感受到家务的重要性，更认真地去完成。

向孩子寻求帮助

父母“懒惰”一点儿，才能培养出勤劳的孩子。想让孩子参与到家务劳动中来，父母可以适当向孩子示弱，请孩子帮助自己。比如父母从超市采购回来，可以请孩子帮忙整理好买回来的东西，或者父母假装自己不舒服，请孩子帮助自己打扫卫生、做饭等。

当孩子完成一项家务后，父母要及时表扬孩子，让孩子知道自己做得很好，而且帮了父母的大忙。

将做家务变得有趣

如果枯燥的家务变成了有意思的事，孩子自然就愿意干了。对于还不识字的孩子，父母可以制作家务卡片，上面绘制要做的家务图片，下面写上做这件事的时间和孩子的名字。卡通图片会让孩子觉得很有趣，所以愿意按照图示去做事。比如，画一张桌子，上面画一些杂乱的圈圈，代表擦桌子。

也可以把做家务变成游戏。比如，把收拾客厅变成寻宝游戏。给收纳箱编号，给书架编号，给垃圾桶也编上号。让孩子把找到的绘本放到指定的书架，把找到的零食袋等垃圾放到指定的垃圾桶，把找到的玩具等放到指定的收纳箱。

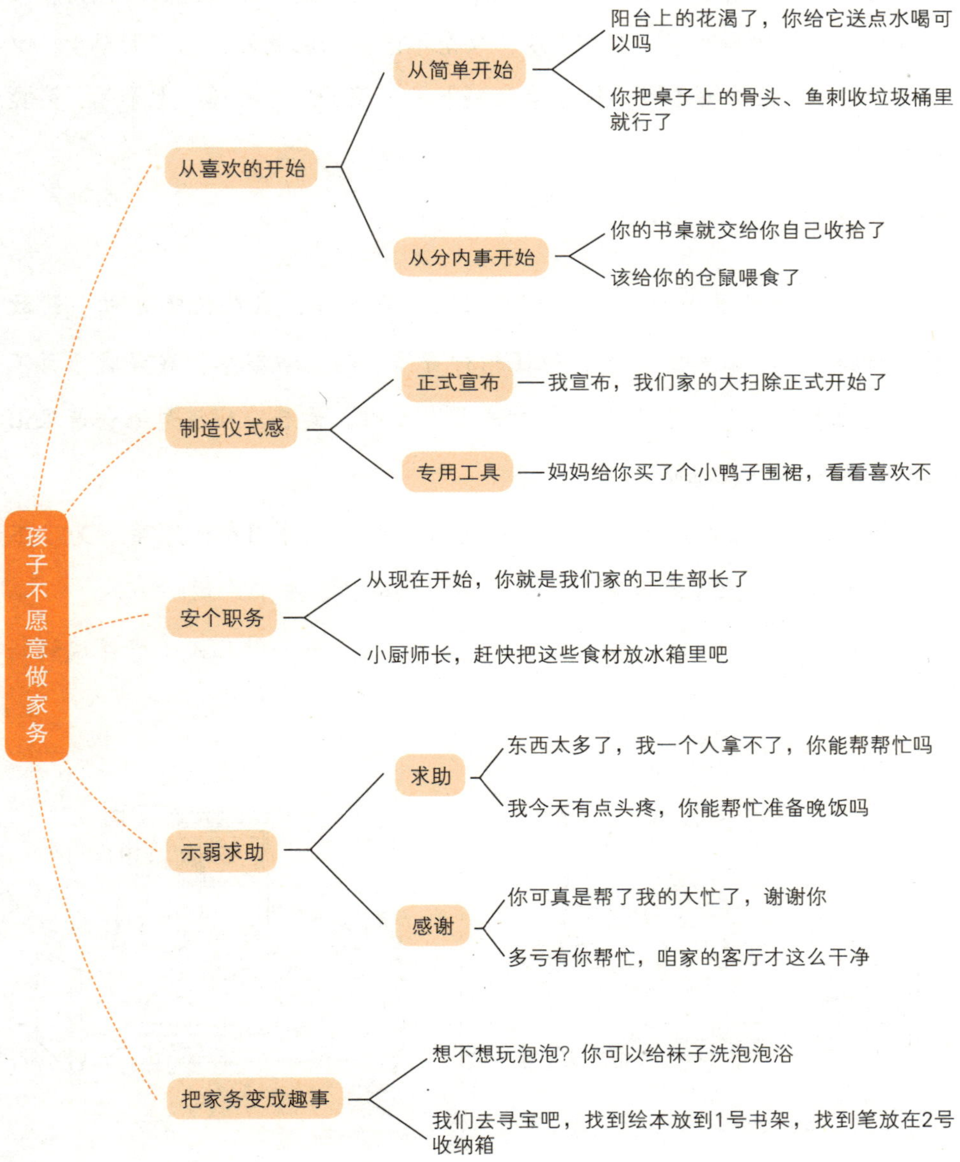

孩子晚上不睡早上不起

每天晚上，为了能让孩子早点上床睡觉，父母使出浑身解数，耗得精疲力尽，孩子还像个猴子，上蹿下跳，兴奋不已。不出意外，第二天早上，又是一轮战争。左右喊不动，拉起来又躺下……孩子晚上不睡早上不起，究竟该怎么对付？

情景回放

儿子从小就是个夜猫子，为了让他早点入睡，我给他唱儿歌、讲故事，折腾半天，我哈欠连天，他还精神百倍。耐心被耗尽，我威胁他再不睡就把他关到门外，或者忍不住对他大吼大叫。最后，往往是他含着眼泪入睡，我带着愧疚难眠。

等到他开始上幼儿园，早上叫他起床又成了一件困难的事情。为了不迟到，我只好给他穿好衣服，背着迷迷糊糊的他，去幼儿园……

——幼儿园小班铭瑞妈妈

诊断小档案

孩子为什么早上赖床?

- 睡眠不足
- 天太冷了
- 外面天还黑着
- 不想上学

诊断小档案

孩子为什么晚上不肯睡?

- 精力没耗尽，不困
- 白天睡多了
- 没玩够
- 爸爸妈妈还没睡

千万不要这样说

多次催促

“赶紧起来，都7点了，再不起来该迟到了。”

“你看看都10点了，你怎么还不睡啊？明天又起不来了。”

增加逆反：当父母催促孩子起床或者入睡时，孩子反而会产生逆反心理，更加不愿意起床或者入睡。

越来越被动：在父母不停的催促下，孩子无法自己掌握睡眠和起床的节奏，从而失去对时间的安排和规划能力，产生“不催不起，不催不睡”的结果。

暴力叫醒+生气吼睡

唰！父母拉开窗帘，喊：“起床了！别睡了。”

父母一把掀起被子，喊：“快起来！要迟到了。”

父母一边拍打孩子，一边喊：“醒醒，快醒醒！”

“躺好睡觉！不许说话！”

“再不睡，出去站着！”

“你到底睡不睡？！小祖宗！”

受到惊吓：很多父母对孩子缺乏耐心，习惯用简单粗暴的方式让孩子起床，比如，冲进房间大声喊叫、把孩子强行拉起来、把被子掀开等，想让孩子迅速清醒。这种方法只会让孩子在睡眠中受到惊吓。

影响情绪智商：孩子被“暴力”叫醒，内心会非常生气、沮丧，很容易发脾气，情绪智商受到影响，变得没有耐心和信心。

这样说会更好

尽量安排相对固定的作息时间

为了让孩子的生物钟能够更加规律，父母要尽量给孩子安排相对固定的作息时间，将早上起床、午睡、中午起床、晚上入睡这几个时间点相对固定下来。时间固定之后，父母要尽量保证孩子每天在差不多的时间点入睡和起床，包括周末和节假日。

制定规律的睡前程序

父母可以将入睡前的一系列活动列为睡前程序，包括刷牙、洗澡、换睡衣、讲故事、关灯等，在孩子每天入睡前进行这一系列的活动，促进孩子更快地入睡。

父母还可以询问孩子的喜好，然后将其纳入睡前程序，比如，孩子想要在睡觉前听歌、看书或者自己玩一会儿，父母也可以允许孩子在睡觉前做这些事情。

温和地唤醒孩子

温和的唤醒方式，可以让孩子感觉更安全。比如，用温柔的话语让孩子起床，轻柔地触碰或者给孩子一个温暖的拥抱等，或者用孩子喜欢的食物、玩具等把孩子叫起来，孩子的情绪就像被阳光轻柔地抚摸着，在睁眼醒来时一定心情愉快，愿意马上起床来迎接美好的一天。

孩子晚上不睡早上不起

- **固定时间点**
  - 9点了，该睡觉了，周末也不可以熬夜哦
  - 放假了，你可以7点半起床，但不能再晚了
- **哄睡**
  - **洗漱**
    - 现在是洗漱时间了，我要给收拾完的宝贝讲故事了
    - 如果你现在去把牙齿刷得又白又亮，我会满足你一个睡前愿望
  - **讲故事**
    - 今天该你给我讲故事了
    - 昨天的故事讲到哪里了？我们接着讲吧
  - **游戏**
    - 今天我当小宝宝，你来哄我睡觉吧
    - 闭上眼睛，让我来猜猜你在想什么
  - **道晚安**
    - 现在和你的小熊、小狗、小汽车说晚安吧，它们都要睡觉了
    - 晚安，宝贝！祝你做个好梦
- **唤醒**
  - **温柔叫醒**
    - 抚摸孩子的小手、手臂，说“宝贝，起床喽”
    - 你想现在起床还是再睡5分钟
  - **诱惑叫醒**
    - 我今天早上烤了你最喜欢的披萨
    - 你闻闻，是不是巧克力面包的香味
  - **幽默叫醒**
    - 你在偷笑，你梦到了什么？快给我说说
    - 拿着玩具熊：小主人，你听，我肚子都饿得咕咕叫啦

孩子喜欢讨价还价

很多父母发现自己的孩子突然变成了小大人，自己无论提出什么样的要求，孩子都要提出相应的条件，事事都要讨价还价，弄得好像在做生意一样。孩子喜欢讨价还价，父母该怎么引导？

情景回放

以前觉得孩子挺乖的，我说什么她都听，但是现在感觉快要被她逼疯了。不管让她做什么，她都要和我讨价还价。我让她多吃点蔬菜，她非要让我答应她多玩半小时。我让她写作业，她得先看一集动画片才肯写。本来工作就让我筋疲力尽了，现在还要加上一个“讨价还价”的孩子，真的是焦头烂额，有时候忍不住就会朝她发脾气。

——二年级晨阳妈妈

诊断小档案

孩子为什么喜欢讨价还价？

- 父母习惯用“你做了什么，就能得到什么”的方式教育孩子
- 从父母的妥协中尝到过好处
- 父母对孩子的要求自己都做不到
- 父母的承诺总是不兑现

千万不要这样说

拉锯战

"行吧，就让你多玩 10 分钟。"

"那说好就买这个，别的不可以买了啊！"

浪费时间： 孩子和父母的讨价还价是持久的，不可能在一两分钟内结束。在这个过程中，父母会一点儿一点儿松口，孩子会一点儿一点儿获利，这不仅导致时间的浪费，还减少了孩子行动的时间。

损害父母的权威： 父母在和孩子"拉锯战"的过程中，会忘记原本的安排，转而被孩子牵着鼻子走。局面一旦被孩子掌控，父母的权威就会受到损害。

孩子学会威胁、控制父母： 父母和孩子讲条件的初衷，是想让孩子做正确的事情，养成好习惯，但是这种方式会潜移默化地影响孩子的观念，让孩子逐渐学会通过"讨价还价"来威胁、控制父母。

父母情绪失控： 随着"拉锯战"的展开，时间一点点过去，父母的耐心会逐渐减少，疲惫逐渐增加，最后很可能会情绪失控。

强势要求孩子听话

"你这孩子还敢跟我讨价还价？赶紧写作业去，写不完不许睡觉。"

"让你多吃菜，你怎么这么多废话呢？赶紧都给我吃下去。"

孩子伤心： 父母强势地要求孩子听话，孩子会感觉父母不尊重自己，不愿意倾听自己的需求，会因此感到伤心。

丧失主动性： 父母总是让孩子听话照做，长此以往，孩子会丧失做事情的主动性，状态会从"我要做"变成"要我做"。

这样说会更好

明确自己的底线

对于孩子的讨价还价，父母需要坚守好自身的底线和原则，首先不允许孩子用“威胁”父母的方式来讨价还价。比如，孩子说一定要喝饮料，否则就不吃饭时，父母一定要阐明规则：“你上午已经喝过一瓶饮料了，下午不能再喝了。”同时可以给出替代性方案，让孩子选择，如“饮料不能喝了，你可以喝点牛奶”。

其次，危害安全的事情也不能够答应。比如，孩子同意出门，但是想在马路上玩滑板，父母要坚定地拒绝：“在马路上玩滑板很危险，这个坚决不可以。”让孩子明白没有商量的余地。生活中一些没礼貌的行为，也要明确拒绝，比如用筷子敲打碗、在盘子里挑拣、在公共场合大喊大叫等。

适度“放权”

孩子因为在任何事情上都没掌控权，所有的事都得听父母的，就像一个执行任务的机器，所以才会通过讨价还价来夺回自主权。父母可以适当下放一些权利给孩子。在《游戏力》一书中有这样一句话：“让孩子获得掌握感，有助于他们获得自信。”

不妨把吃多少饭、什么时候写作业、什么时候看电视等事情的主动权交给孩子，让他有自主感，而不是被动接受。当孩子感觉自己可以做主了，也就不会去讨价还价了。

一起寻找解决方案

当孩子开始“讲条件”时，父母不要纠结于“到底谁说了算”或是“要妥协到什么程度”，而应该另辟蹊径，告诉孩子不同意的原因，然后和孩子一起找到解决问题的方法。比如，孩子说想多看会儿动画片，父母可以说：“我们明天早上要去动物园，你要是起不来怎么办？”孩子如果说自己能早起，父母可以说：“你可以多看一会儿，但是如果起不来，我们就不能去动物园了。”

和孩子交换“角色”

在日常生活中，父母可以时不时地和孩子交换“身份”，让孩子来“发号施令”，父母来模仿孩子讨价还价的行为。这有助于孩子理解父母，减少不合理的要求。

比如，让孩子当妈妈，定好8点出门，扮演孩子的父母可以在出门前故意磨蹭一下。孩子在催促时，父母可以假装不服从孩子的命令，和孩子讨价还价，“我要是快点穿鞋，你能不能给我两个奶酪棒”，或者“我要是听话，你可以带我去游戏厅玩吗”，孩子大概率会学习父母平时的处理方法，来应对你的讨价还价，这个过程是孩子体验的过程，也是父母反省自己的过程。

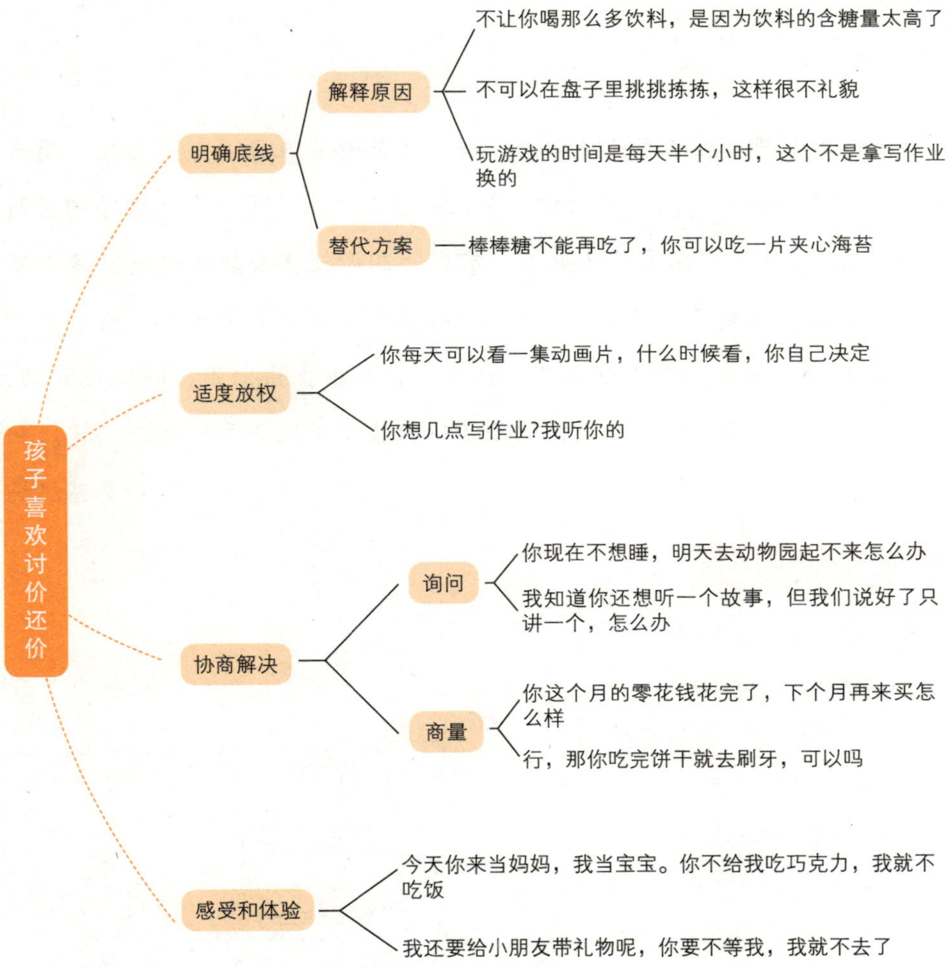

孩子整天宅在家里不出门

明明是活泼好动、在外面疯跑的年纪，但越来越多的孩子更喜欢宅在家里，不愿出门。好心想让孩子出去活动活动，却撵都撵不出去，父母无奈叹息，不知道该怎么办。

情景回放

可能是小学作业不多，放学后，女儿每天都能在外面玩一会儿，周末我们也常去郊游。自从上了初中，女儿明显不爱出门了。每天放学回家写完作业就 10 点了，周末作业也多，有时候想带她去公园透透气，她都不愿意去，就连以前喜欢的看电影也不乐意去了。有时候周末想一起出去吃个饭，她都说不如叫外卖在家吃。慢慢地，她很少出门了，即便是假期，也懒得出去了，说出去没啥意思，还不如待在家里玩会手机放松一下。

——初一美茜妈妈

诊断小档案

孩子为什么宅在家里不出门？

- 性格安静，胆小害羞
- 沉迷电视和电脑、手机游戏等
- 对户外运动缺乏兴趣
- 忙于学业，很少有时间出门
- 父母自身很“宅”，影响了孩子

千万不要这样说

强迫孩子出门

“你看人家都在外面玩，你也出去玩呗！”

“别老在家待着，再这样下去就成自闭症了。”

很恼火： 想想，如果父母工作累了，只想待在家里清静放松一下，却被家人强行拉出去放松，你是不是内心也很恼火？因为这不是父母想要的放松方式，所以父母并不开心，孩子也一样。

听之任之

“外面不安全，反正家里什么都有，不出去就不出去吧！”

“只要不惹祸，你喜欢在家里待着也没什么。”

体质变差： 总是宅在家里的孩子缺乏运动，很容易发胖，而且无法接受充足的阳光会使他们的骨骼发育受到影响，体质会越来越差，容易生病。

容易抑郁： 孩子长期不出门，容易变得孤僻，语言表达能力弱，不会与人相处，容易变得抑郁。

这样说会更好

用兴趣把孩子请出门

适合室外的游戏可以玩起来，年龄小点儿的孩子，父母可以带着一起玩踩影子、兔子跳、跳格子、捉迷藏、马路牙子上走平衡木、健身中心的单杠玩猴子吊树、学小鸟走路……大点儿的孩子可以和父母一起郊游、野炊、去游乐园……

鼓励孩子多交朋友

如果孩子天性比较内向，不喜欢主动和陌生人说话，父母要多带孩子和人接触，可以从邻居、朋友开始，比如，“咱们去李阿姨家做客，她有个儿子，和你差不多大，你可以和他一起玩”。

培养孩子对户外运动的兴趣

平时父母要多带孩子出门运动、散步，比如，“妈妈得减肥了，你也跟我去吧”，“爸爸打算每天跑步 1 小时，你陪爸爸一起跑怎么样”。

利用假期带孩子游玩

父母也可以利用周末假期带孩子去郊外爬山、露营，告诉孩子“那里有很多你没见过的植物和动物”，吸引孩子多接触大自然。

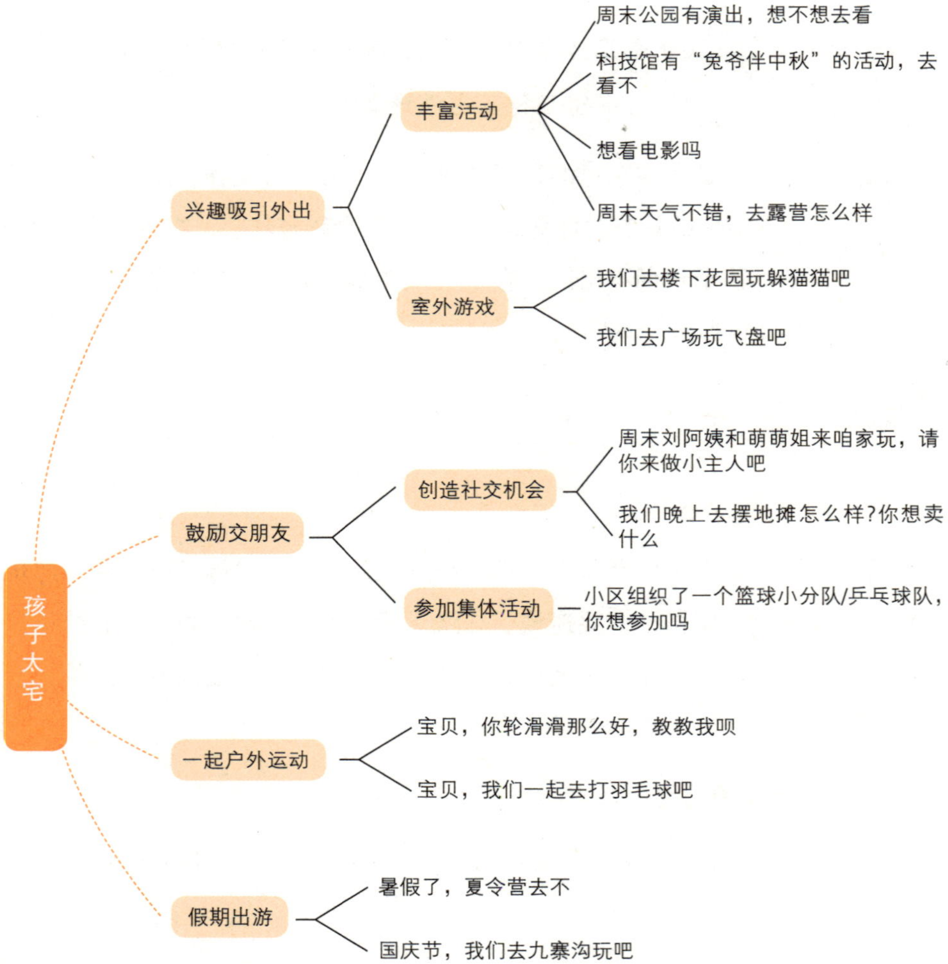

第5章

如何与叛逆期的孩子对话

孩子不服管教，爱顶嘴

随着孩子渐渐长大，父母发现孩子突然开始变得叛逆起来，越来越爱顶嘴，让人感到十分恼火。遇到这种情况，父母不要一味地批判孩子，消灭孩子顶嘴的现象并不能解决问题，而是要了解问题的原因，然后对症下药。

情景回放

孩子小时候比较听话，让我挺省心。可是自从上了小学三年级开始，他就变得爱和我们顶嘴。我们让他做什么事情，或者批评他两句，他总能找理由不做，或者给自己开脱。孩子的班主任也说孩子现在的“口才”了得，歪理一套一套的。我本来不想发火，但是在教育孩子时还是忍不住暴跳如雷。孩子很不服气，到现在都不理我。

——三年级浩辉妈妈

诊断小档案

孩子为什么爱顶嘴？

- 处在叛逆期，喜欢和父母对着干
- 被父母误会或冤枉
- 觉得父母言而无信
- 认为父母太“双标”
- 想要引起父母的关注

千万不要这样说

以暴制暴

"你这孩子现在都学会顶嘴了！肉皮又痒痒了是吗？"

"你吃我的，喝我的，还敢跟我顶嘴？反了你了！"

场面失控：很多父母在遭遇孩子顶嘴的时候，感觉自己的权威受到挑战，颜面受损，感觉尴尬和恼怒，孩子也会产生对抗情绪，双方会进入对立的状态，场面就会失控。

压制了孩子沟通的欲望：在处理孩子顶嘴的问题时，如果父母反应过激，对孩子进行威胁和恐吓，孩子会认为和父母沟通是不安全的，久而久之，孩子就丧失了沟通的欲望。

变得没有主见：父母粗暴地对待孩子顶嘴问题，不仅会影响孩子的表达能力，还会使孩子变成一个没有主见、没有自我的人。

这样说会更好

关注孩子顶嘴时的负面情绪

孩子顶嘴时，如果父母和孩子吵架，想用父母的身份让孩子服从，孩子会更激动。作为成年人，父母此时应该冷静下来，不要让对话陷入"权利争夺战"中。父母应该关注孩子的负面情绪，在孩子反驳时问他："今天怎么了？讲话这么大声？谁惹你生气了？""妈妈感觉到你刚才生气了，是怎么回事呀？"

当父母和孩子都无法控制情绪的时候，父母可以说："我知道你生气，但是我们先稍微冷静一下，等会儿再讨论。"说完后，父母可以离开现场几分钟，等平静下来后再和孩子沟通和解决问题。

给孩子表达观点的机会

父母需要意识到，在成长过程中，孩子会有自己的想法、需求和观点。

所以，有时候并不是孩子在顶嘴，只是父母这么觉得而已。父母应该给孩子表达的机会，并且耐心地聆听。在和孩子沟通时，父母可以引导孩子诉说事情的经过，有理有据地说出自己的观点和原因，如果孩子无法流利地表达，父母可以给一些提醒和暗示："你刚才这么生气，是不是因为妈妈催着你写作业啦？"

父母不仅要允许孩子说出心里话，还要引导他们正确地表达出来，当孩子说"这不公平"时，父母可以说："你觉得不公平吗？"然后，可以用提问的方式，让孩子说出他的想法："你为什么会这样想呢？""你说的好像有点道理，我们来好好聊一聊。"当孩子感觉到理解和尊重，就会愿意对父母倾诉，双方可以展开更有效的对话。

提醒孩子不要"出口伤人"

当孩子的情绪激动时，很难控制自己的语言和行为，会说出一些具有攻击性的话。父母应该适当提醒孩子控制自己的情绪，避免蛮不讲理的顶撞，而是就事论事地表达自己的观点，用合适的方式表达自己的需求。

父母可以把自己的感受告诉孩子："我理解你的感受，但是你用这种语气说话，妈妈感觉很难受"，"我知道你很生气，但我不喜欢你这样说话，咱们换个方式好好说"。

当孩子说"讨厌爸爸 / 妈妈"的时候，父母应该提醒孩子："你可以表达自己的不满，但是不要轻易说'我讨厌你'，这会伤害爱你的人。"

给予积极反馈

当孩子表达了自己的意见、观点，父母要给予积极的反馈。比如，可以通过表扬、肯定孩子说话的态度和观点的合理性，从而激发孩子用正确的方式表达自己。

- 孩子顶嘴
  - 关注情绪
    - 你是不是生气了
    - 你刚才说话声音那么大，一定很生气
  - 允许表达
    - 来，说说你的想法
    - 你有什么意见，可以跟妈妈说
    - 爸爸也想听听你的看法，你觉得……
    - 别着急，慢慢说
  - 提醒
    - 我理解你的感受，但你用这种语气说话，妈妈很难受
    - 妈妈知道你很生气，但我不喜欢你这样说话
    - 有什么想法，你可以好好说
    - 好好说话，是对别人的尊重
  - 积极反馈
    - 今天我要表扬一下你说话的态度
    - 你的意见对我很重要
    - 你这个主意不错
    - 那我们就按你说的办吧
    - 你的意见也挺有道理的

孩子动不动就离家出走

明明是孩子犯了错，却还不让批评，父母批评一下，就搞离家出走这一招。偏偏这一招还管用，一考虑孩子的安全问题，父母只能妥协。父母从此变得谨小慎微，甚至不得不处处讨好孩子，看孩子脸色，但长期这样下去，又会培养出什么样的孩子呢？

情景回放

儿子的学习成绩一直是我的心病，我就怕他将来考不上好的高中。这次月考的成绩下来之后，我发现他的数学和英语竟然不及格，在班级里的排名也是倒数。我特别生气，忍不住批评了他。一开始孩子还没说话，后来就闹着要离家出走。我正在气头上，就让他走。结果他扭头就走了。正在气头上的我没有出去追，过了一会儿出去找，却找不到了。我急得心怦怦直跳，发动亲戚朋友一起找，还报了警。孩子找到了，我再也不敢批评他了，生怕他再次离家出走。

——初二天宇妈妈

诊断小档案

孩子为什么会离家出走？

- 被打骂、训斥
- 学习压力太大
- 不被关心
- 害怕受到惩罚

千万不要这样说

让孩子走

“长本事了，我看你能去哪儿！”

“你走啊！就你这样，学习不行，干活不行，出去能干啥？等着挨饿吧！”

失去归属感：孩子要离家出走，有些父母表现得很“冷淡”，甚至会奚落孩子，认为孩子只是在威胁自己，根本不会走，或者即使走了也会回来。其实这样容易让孩子失去对家庭的归属感，孩子和父母的心会产生背离。有些心理脆弱的孩子甚至会想不开。

大发雷霆

“你没考好，你还有理了。我今天非得好好教训教训你不可！”

“赶紧回自己屋里好好反省，没想好不许出来！”

导致一时冲动：有些父母面对孩子想要离家出走的问题，觉得孩子很不懂事，于是会打骂、惩罚孩子，这只会让孩子更加愤怒。即使是小矛盾，也会被激化。孩子在一时冲动下就会真的离家出走。

这样说会更好

了解孩子出走的原因

当孩子说要离家出走，当时多半都是在气头上，父母要先给孩子缓冲和平复心情的时间。当孩子恢复到正常状态时，再耐心地进行沟通：“你是不是因为爸爸批评你了，所以要离家出走”，“你是觉得学习压力太大了吗”，“爸爸妈妈对你的要求是不是太严格，让你受不了了”。了解孩子想要出走的原因和心理，了解孩子的感受和需求，能从根本上解决问题，父母可以更好地调整自己的行为，避免孩子再次出现离家出走的念头。

表达担忧和关心

孩子想要离家出走多半是因为感受不到爱，父母要让孩子知道，家庭是他的避风港。当他疲惫、孤单、难过的时候，家人永远都会帮助他。父母可以告诉孩子："你在外面遇到任何问题，有什么想法，及时和我们说，我们可以一起来想办法解决"，"你和爸爸妈妈无论是争吵，还是观点不同，都不能拒绝回家。因为咱们是一家人，有任何问题都可以商量着解决"。

除了告诉孩子这些之外，父母还要尽力给孩子营造良好的家庭氛围，不要打骂孩子，要让孩子对家庭产生归属感，从而树立家庭观念。

告诉孩子离家出走的后果

父母要让孩子意识到，离家出走是一件错误的事情，这种方式其实是一种逃避和退缩的行为，并不能解决问题，反而会造成更多的问题。父母可以这样说："爸爸批评你，你不高兴，离家出走也解决不了问题，你为什么不把原因和爸爸说清楚呢？"

父母还可以把孩子在外面遭遇危险可能产生的后果告诉孩子："你还未成年，如果在外面遇到小偷、抢劫犯，钱就没有了。要是遇到人贩子，你就被拐走了，再也见不到亲人和朋友了。"

- 孩子想要离家出走
  - 询问原因
    - 你是不是因为没考好，不敢回家
    - 你是不是担心妈妈惩罚你，所以不敢回家
    - 是不是因为爸爸批评你了，所以你要离家出走
    - 是不是爸爸妈妈对你要求太严，让你受不了了
  - 表达担忧和关心
    - 你一个人出门，爸爸妈妈很担心你
    - 你要相信爸爸妈妈是爱你的
    - 不管发生了什么，爸爸妈妈都不会怪你
    - 咱们是一家人，有什么事咱们都可以商量，千万不要拒绝回家
    - 你如果真的需要安静一下，你就去爷爷奶奶家，或者好朋友家待一天
  - 告知后果
    - 你一个人出门，会遇到很多危险
    - 你可能遇到人贩子，把你拐走
    - 你可能遇到坏人，把你害了
    - 就算没有遇到这些，你没钱，也会忍饥挨饿

孩子早恋了

花季的少男少女很容易对异性产生朦朦胧胧的好感，但是很多父母都害怕孩子无法控制自己，因为早恋影响学习和未来的发展。想要避免早恋的负面影响，父母应该及时采取有效的方法。

情景回放

女儿越大，我操心的事情就越多。我最担心女儿偷偷谈恋爱影响学习，平时都会旁敲侧击地提醒她。但还是没预防住，有一天班主任找我谈话，委婉地告诉我，女儿和班里的一个男生走得很近。班主任说女儿上课时经常走神，还偷偷给男生传字条。我气得脸色发青，回家立马警告女儿赶紧分手。但女儿说她根本就没谈恋爱，还说我冤枉她，在家里又哭又闹，弄得我不知道该怎么办。

——初二雪晴妈妈

诊断小档案

孩子为什么会早恋？

- 对异性产生爱慕之情
- 缺乏家庭的关爱，想从别人那里寻求温暖
- 身边很多同学、朋友在谈恋爱

千万不要这样说 >>>>>>>>>>>>>>>>>>>>>>>>>>>>>>>>>

逼孩子分手

“我和你妈那么辛苦供你上学，不是为了让你谈恋爱去的，赶紧给我分手。”

“我们都是为了你好。你可是女孩子，千万不能走错一步啊！”

导致恋情升温：发现孩子早恋，很多父母都如临大敌，恨不得让孩子立刻分手。但对于青春期的孩子来说，父母的反对可能会适得其反。两个孩子也许一开始只是抱着好奇心，结果他们的感情在反对声中逐渐加深，更难分开。

否定孩子的感情

“你们两个小屁孩，懂什么叫爱情？幼稚！”

“你还小，你不懂。什么爱情呀？他对你肯定另有目的。”

影响恋爱观的形成：早恋的感情可能是不成熟的，但早恋是很正常的事情。如果父母歧视和否定孩子的感情，会压抑孩子的情感，久而久之，导致孩子不能正视自身的感情，影响其正确恋爱观的形成。

这样说会更好 >>>>>>>>>>>>>>>>>>>>>>>>>>>>>>>>>>>

肯定孩子的感情

孩子虽然没有成年，但是作为一个独立的人，他会有自己的感情。父母应该接纳孩子的感情，而不是觉得孩子小，就嘲笑孩子。父母可以先恭喜孩子：“儿子 / 女儿，你有喜欢的女生 / 男生了，爸爸妈妈特别高兴，你终于长大了。”这样说并不是为了鼓励孩子早恋，而是表示对孩子感情的欣赏和接纳，方便孩子进一步和父母交流，袒露心事。

和孩子分享自己的恋爱经历

孩子对异性有了情感，但是却没有经验。父母可以趁机和孩子分享自己的恋爱经历，孩子会很感兴趣。比如，“爸爸小时候也喜欢过一个女孩，可是后来我们考上不同的学校，就再也没见过，我对她的感情也变淡了”，“妈妈像你那么大时，喜欢隔壁班的一个男生，觉得他打篮球时好帅，可是后来妈妈发现他臭毛病太多，就不喜欢了”。

父母给孩子讲述自己的经历，是为了让孩子明白，现在对异性的好感会随着时间慢慢淡化，因为未来有很多变数，这种喜欢并不是爱。谈话时，父母要保持氛围的轻松愉快，不要进行长辈式的施压，而是朋友式地提出建议。

给孩子的交往设置规则

对于孩子和异性的交往，父母不宜强硬地阻止，应该做到正确、科学地引导。父母可以给孩子的交往设置一定的规则，指导孩子的交往。比如，对于交往时间和地点提要求：“你们可以在学校里交往，放学后就各自回家吧！”再比如，对行为举止的要求，让他们举止有分寸，不可以有亲密的行为。要让孩子懂得和异性交往时应大方得体、不卑不亢，学习对方的优点，共同进步。

教女孩学会保护自己，教男孩学会承担责任

如果发现孩子有早恋现象，一定要提前给孩子打预防针，告诉女孩“绝对不可以和男生单独待在一个房间”“不可以答应男孩的过分要求”。要告诉男孩“要懂得尊重女孩，学会控制自己”。告诉他有些责任他现在还负不起，要努力变得强大，才能给女孩幸福。

- 孩子早恋
  - 表达肯定
    - 恭喜我的宝贝，你长大了
    - 你有了自己喜欢的男孩/女孩，妈妈为你开心
  - 分享经历
    - 妈妈像你这么大时，也喜欢过班里的一个男生
    - 妈妈当时觉得他打篮球超帅啊，后来发现他身上还有不少臭毛病，就不那么喜欢了
    - 爸爸上小学五年级，就有喜欢的女生了
    - 爸爸还给那个女生写过一首诗呢
  - 设定交往规则
    - 地点
      - 你们可以在学校聊聊天，放学后就各自回家吧
      - 你们不可以趁父母不在家，去对方家里
      - 你们不可以去宾馆约会
    - 时间
      - 不管你们多少人聚会，晚上必须回家
      - 任何时候都不可以和对方单独在一起
    - 行为
      - 你们可以交往试试看，但不可以有亲密的举动
      - 不可以搂抱、接吻
  - 教女孩
    - 如果他提出过分的要求，那就不是爱你，你要敢拒绝
    - 不要用身体去谈恋爱，如果他威胁你，赶快跑
    - 千万不要用“献身”去证明爱
  - 教男孩
    - 你既然喜欢她，就要尊重她，不要做伤害她的事
    - 青春期容易冲动，爸爸希望你学会控制自己
    - 如果你想给喜欢的女孩幸福，就要考虑长远一点儿

孩子和同学闹矛盾

朝夕相处的同学，彼此之间难免会产生一些摩擦、矛盾，如果不善于合理化解，也有可能升级为大的冲突。假如孩子因为和同学闹矛盾，而情绪低落、满腹委屈或者烦躁不安，父母应该怎么和孩子沟通呢？

情景回放

女儿放学回来，就坐在沙发上生闷气。我问她是怎么回事，她说，和同桌因为闹矛盾，现在谁也不理谁了。我知道自己女儿性子比较直，所以就劝她，以后和人家相处时说话随和一点儿。没想到女儿一下子特别生气，还说我就会怪她。一整个晚上，她都不理我，我说错了吗？

——初一依娜妈妈

诊断小档案

孩子为什么和人产生矛盾？

- 性格暴躁，容易冲动
- 总是以自我为中心
- 喜欢争强好胜
- 与人相处时不礼貌、不尊重他人

千万不要这样说

不当回事

“就这么点事，有什么大不了的？你至于这么生气吗？”

“我们那会儿经历的可比你这严重多了，你这算什么啊？”

失去和父母沟通的欲望：在有些父母眼里，孩子之间的矛盾不值一提，所以会忽视孩子的感受。父母这种缺乏共情和同理心的态度，会让孩子备受打击，失去和父母沟通的欲望。

帮孩子“讨回公道”

“谁欺负你了？告诉爸爸，爸爸帮你找他算账去。”

“居然敢欺负我儿子，我要去找他家长理论理论。”

不能独立解决矛盾：有些父母护子心切，害怕孩子吃亏，只要听说孩子和同学发生矛盾，就忍不住冲出来替孩子出头，甚至不分青红皂白地帮孩子打架。这会让孩子以后遇到矛盾，自己没有能力去解决，养成事事依赖父母的习惯。

把责任归咎于对方

“这个小海，我以前就看他不是个好孩子。”

“都怪他，咱以后不跟他玩了。”

养成逃避责任的习惯：有些父母在不知道矛盾产生的原因时，就直接把责任归咎于另一个孩子。这样虽然让自己的孩子得到了安慰，但是会让他认为有了矛盾，别人才是错误的一方，从而养成逃避责任的习惯。

让孩子找自己的原因

“班上那么多同学，怎么他就偏偏惹你了呢？”

“你先找找自己的原因，是不是哪里做得有问题？”

加重心理负担：有些父母觉得自己孩子一定也有错，“苍蝇不叮无缝的蛋”，于是不查明缘由，就一味地让孩子在自己身上找问题，甚至责备孩子。这会加重孩子的心理压力，甚至自我否定，让孩子变得敏感、自卑。

这样说会更好

找到问题所在

当知道孩子和同学闹了矛盾后，父母应该和孩子一起找到问题所在，弄清楚事情的来龙去脉。在讨论的过程中，父母要和孩子分析事件中的各种因素，比如，“你觉得对方是故意的，你为什么这么认为呢？对方做了什么让你这么认为的”，“你俩吵架之前，你说了什么话？是不是对方误会了呢”。

承认孩子情绪的合理性

孩子在表述事情经过的过程中，肯定是带着情绪的，要么生气，要么委屈，要么难过。父母对此指责和否定，只会激怒孩子。只有承认孩子情绪的合理性，才能让孩子平复情绪，心平气和地表达。

鼓励孩子自己解决问题

父母应该相信和鼓励孩子自己去解决问题，这样孩子解决问题的能力才会越来越强，自信心也会越来越强。父母不必急于发表自己的意见，可以让孩子想一想要如何解决，比如，“你还愿意和他做朋友吗”，“你想和人家道歉，你打算怎么说呢”。

当孩子有了决定后，父母不要用成年人的眼光去评判和限制，应该对孩子表示支持：“妈妈相信你能处理好你们之间的矛盾”，“你有选择朋友的权利，希望你们能好好相处”。

教孩子学会社交技巧

父母可以教孩子一些社交的技巧，使孩子今后能独立有效地解决冲突，比如，“如果你觉得同学的话让你不高兴，你可以告诉他你的感受，说你不喜欢这样，他就知道了”，“下次你俩的意见不一致时，你俩可以把自己的理由都讲出来，看能不能找到解决方案”，“如果你感觉对方说得不对，也不要直接说，‘你错了’，可以说‘我的看法和你不太一样’”。

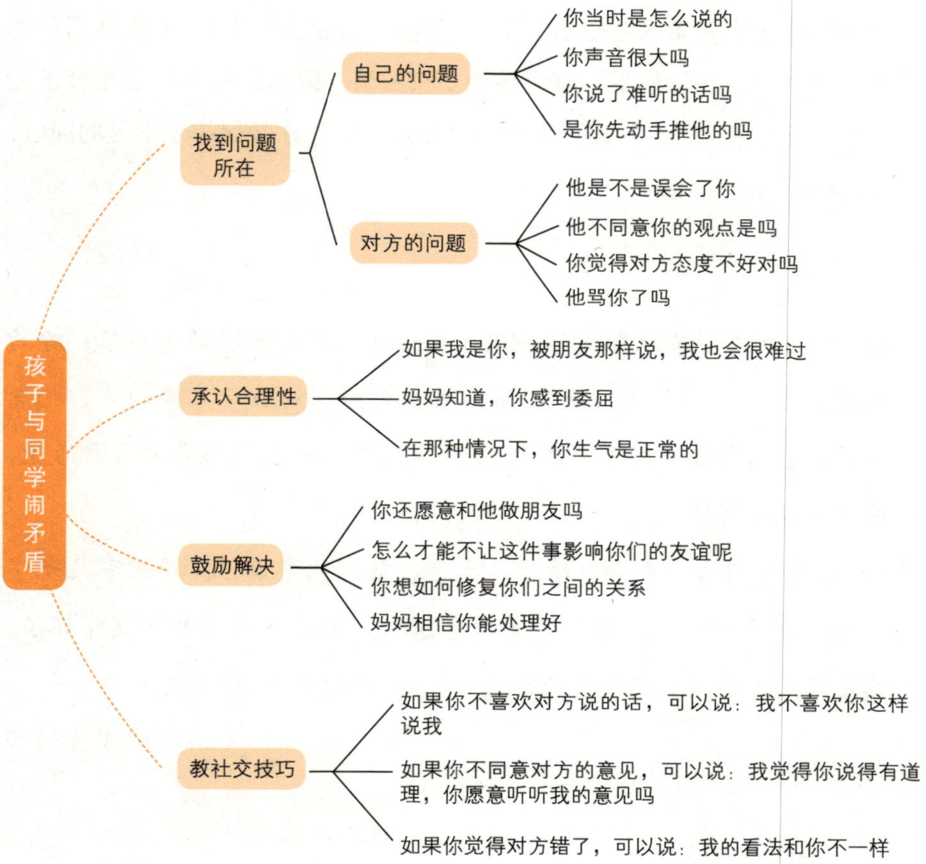

孩子说压力大，不想活了

当孩子有意或者无意流露出“压力好大”“活着没意思”“不想活了，死了算了”之类的话，父母不要以为孩子是在矫情，因为这极有可能是孩子在向你求助。近年来，青少年自杀事件屡见报端，父母在督促孩子学习的同时，也要关注孩子的心理健康。

情景回放

自从升入初二，又增加一门物理，儿子每天的作业明显更多了，睡的时间也更晚了。每天早上 6 点 20 分出发去学校，晚上 9 点多到家，吃点儿东西就开始写作业，睡觉基本都在 11 点之后。我给他准备的各种卷子，只能等周末抽时间做。

一天，放学回来，我看他情绪不太好，就问他怎么了。没想到儿子突然说，感觉压力特别大，觉得活着没有意思。他这一句话可把我吓坏了，担心他是不是抑郁了，安慰了他很久，也不知道他听进去没有。

——八年级思贤妈妈

诊断小档案

孩子有多累？

- 学校是全世界“上班最早的公司”
- 每天都进行“KPI 考核”
- 每天都得带任务回家“加班”
- 周末、假期继续换个地方“加班”
- 在学校被老师教育
- 在家被父母唠叨、指责

千万不要这样说 >>>>>>>>>>>>>>>>>>>>>>>>>>>>>>>>>

不理解

"天天吃好的、喝好的、穿好的，你能有什么压力？"

"你能有我压力大？我看你就是太闲了。"

"你这孩子真不让人省心。不上学，你想干什么去啊？"

"小孩子懂什么生生死死，晦气！"

加剧痛苦：当父母在不了解孩子经历了什么事情的情况下，轻飘飘地把孩子的求救，甚至是死亡预告定义成矫情，父母的不在乎、不理解，甚至站着说话不腰疼的说教，都会让孩子本就煎熬的内心变得更加痛苦。

无效安慰

"你的同学不也这样吗？你要学会放松自己。"

"等放假了，出去玩玩。"

"你别想那么多，重要的是尽力。"

适得其反：孩子压力大，有些父母试图用一些不痛不痒的建议安慰孩子，但不仅不能让孩子减轻压力，说多了还会让孩子烦躁，压力变得更大。这就像成年人因为工作压力大而回家抱怨太累了，妻子或者丈夫却扔过来一句"大家不都一样吗？你得学会放松自己"，听了之后，心情是不是更加不爽了？

火上浇油

"你不是想死吗？我看你敢不敢从这儿跳下去！"

"有本事，你去死好了。"

万念俱灰，放弃生命：父母说的可能是一时气话，但孩子却会当真，并做出危害自己性命的极端行为。

父母往往是"爱之深，责之切""恨铁不成钢"，但孩子永远无法从父母恶毒的话里感受到温暖和爱。当父母说让孩子去死，孩子看到的是父母的痛苦，感受到的是满满的恨意，内心会想：既然你们想让我去死，那我就死好了，死了，就不用你们操心了。

更多的孩子自杀是对父母的报复，他们知道自己死后，父母会伤心欲绝，想用自己的命去换父母痛哭流涕。

这样说会更好

认真倾听

孩子发牢骚抱怨，父母要做的第一步是倾听。孩子诉说的过程，本身就是一个释放压力的过程。倾听的过程中，要做到不打断、不批评、不否定，而且要边倾听边盯着孩子，认真地听他说的每一句话，同时还要关注孩子的情绪感受。适当的时候，去肯定孩子的情绪。

如果孩子在说的过程中哭了，父母也不要去阻止，可以静静地递过去纸巾，或者倒杯水，让孩子知道父母在听，并且愿意听。

积极反馈

比起笼统又无力的敷衍式安慰，孩子想要的是肯定他的想法，并给予理解和支持。这一点很容易被父母忽略，孩子因为压力而崩溃的时候，需要的不是说教，更不是批评，而是理解和共鸣。

父母要放低姿态，把孩子当成与自己平等的朋友，尽量顺从他的话语，陪他一起吐槽，对他提出的想法和行动给予认同和支持。比如，孩子说太累了想出去玩，父母可以说："最近你确实太累了。你想去哪儿玩？咱们请一天假，我陪你好好玩一天。"也许父母这么一说，孩子又不好意思请假了。如果孩子满口答应，那父母就暂时放下一切，带孩子去玩一天，毕竟学习是一件长期的事，差这一天，也不至于影响全局。

给压力找个出口

孩子处于消极的情绪中，必然会情绪低落。父母应该给孩子独立的空间和时间，允许他们自己待一会儿，甚至是大哭一场，也可以和孩子一起去打球、跑步等。父母要引导孩子慢慢找到适合自己释放压力的方式。

调整期望值

孩子压力大，很大程度上和父母的期待过高有关。孩子暂时的压力缓解了，还是要回到学习上，不可能就此放弃学习。那么，父母如何帮助孩子适当调整自己的期望值，重新制定适合自己的目标就尤为重要了。

父母可以和孩子聊聊，听听他对自己的期望，问问他的目标是什么。如果孩子因为没有足够的自信，以至于给自己的目标设定得很低，父母也不要指责，只需要督促他努力。这样等孩子超越了目标，就会喜出望外，惊喜于原来自己能做得这么好，从而会激发出更大的学习动力。

如果孩子给自己制定的目标比较高，那就帮他想办法去实现。父母可以和孩子一起分析学习过程中会遇到的困难，都一一罗列出来，再共同制订一个计划，挨个解决问题。在这个过程中，父母要让孩子慢慢学习克服困难，感受努力带来的改变。

- 孩子学习压力大
  - 认真倾听
    - 不打断
    - 不批评
    - 不否定
  - 积极反馈
    - 孩子抱怨作业太多了
      - 表达认同：是啊，最近你每天写到11点，我都心疼你了
      - 提供帮助：你需要我帮忙吗？也许我可以帮你整理下复习资料
    - 孩子说想去玩
      - 表达支持——你想去哪儿？咱请一天假，好好去玩一天
      - 表达理解——天天对着书本，真的要出去放松放松才行
    - 孩子说要躺平
      - 情感支持
        - 读书真的很辛苦，竞争激烈，压力大，我能理解你的感受
        - 如果你真的累了，那就好好休息休息
  - 给压力找个出口
    - 关心情绪——我看你最近情绪不高，是不是遇到什么难题了
    - 给空间
      - 我看你心情不好，想要自己待会儿吗
      - 如果你现在不想告诉我发生了什么，那就先好好睡一觉
    - 寻找释放的渠道
      - 出去运动运动吧，你想跑步？游泳？还是打球
      - 正好枫叶红了，周末一起去爬山吧
  - 调整期望值
    - 调整自己的期望
      - 以前是我对你要求太高了，总是对你不满意
      - 其实，你已经做得很好了，也是让人羡慕的“别人家的孩子”
    - 调整孩子的期望
      - 你想考全班第一当然好啊，你准备怎么超过前面的同学呢
      - 考及格就行？那也得好好努力，如果不努力，恐怕真的会不及格哦

孩子不想上学了

有一天，孩子忽然说:“我不想上学了。”父母肯定先是震惊，然后是愤怒。但愤怒不能解决问题，一旦孩子开始出现厌学的苗头，父母第一时间不应该去责怪孩子，而应该去了解孩子厌学背后的原因。

情景回放

孩子摇号摇中了一所很不错的初中，我们都很开心，暑假里带着孩子去北京、天津等地打卡了一圈。本想着开学了，孩子好好学，再考个重点高中。没想到，初一下学期，孩子就出现了厌学情绪，每天早上喊不起来，喊起来也是无精打采的。我和他妈妈以为他病了，带他检查身体，医生说他的身体没问题。一天早上，他又磨磨蹭蹭不想去上学，妈妈批评他不懂事，问他如果不上学了想干什么，拿什么养活自己。他低头不说话，我一怒之下，打了他一巴掌……

——初一冠威爸爸

诊断小档案

孩子厌学的原因有哪些?

- 学习上碰到了挫折，成绩下降
- 学习技能不足，学不会
- 人际关系不好，被孤立、冷落
- 被霸凌威胁、索要钱财
- 对学校和老师不满
- 家庭出现变故

千万不要这样说

用最坏的结果恐吓

"不上学，你想干什么去啊？扫大街都没人要你！"

"不上学，你就去捡垃圾养活自己吧！"

"不上学，你只能一辈子在底层混，被人瞧不起。"

负面暗示：听说孩子不想上学，一些父母不惜夸大未来可能遇到的最坏结果去恐吓孩子。这种臆想出来的消极预测，会让孩子在潜意识里认为自己未来可能真的混得很差。

情感绑架

"爸爸妈妈辛辛苦苦供你读书，你说你不上了？你对得起我们吗？"

"爸爸妈妈没啥文化，不就盼着你将来考个好大学，出人头地吗？"

"你只要好好学，我们砸锅卖铁也会供你！"

产生负罪感：父母诉说自己的辛苦付出，并不能让孩子因为感动而自主学习，反而会让孩子产生深深的负罪感和愧疚感。孩子会觉得"爸爸妈妈现在过得这么辛苦，这么委屈，都是因为我"。如果孩子在小时候就背负上沉重的心理负担，会非常害怕失败，一旦感觉自己做得不够好，就会陷入自责、焦虑。

有些父母甚至在孩子不想读书的时候，选择用惩罚自己的方式去逼孩子就范。曾有新闻报道，一个妈妈崩溃之后要跳海自杀，原因是儿子天天打游戏不去上学。因为孩子的学习问题，父母不惜赌上自己的性命，这会让孩子产生强烈的负罪感和羞耻感，让孩子变得懦弱、压抑，甚至产生强烈的攻击性。

这样说会更好

了解原因

当孩子说不想上学，父母需要先控制好情绪，耐心去听听孩子内心真正的想法。听孩子说说为什么不想上学以及不想上学想做什么。如果孩子虽然不想上学，但有志向，父母可以鼓励孩子通过好好读书去追求自己的目标。

父母要注意在倾听的过程中，保持对孩子的理解和接纳，不可不分青红皂白一通指责，不说打压、埋怨孩子的话，否则，那只会让孩子闭嘴，不再和父母沟通。

提供支持和帮助

了解清楚孩子不想上学的原因，才能对症下药，帮孩子解开困惑。父母必须立即明确自己的态度：非常乐意去帮助孩子解决遇到的问题。比如，孩子因为被同学冷落而不想去学校，父母要帮助他找到被冷落的原因，教他学习如何与同学相处。

讨论后果

如果孩子坚持不愿意上学，那父母也不要动怒，不妨和孩子讨论一下他的决定可能带来的后果。比如，可能失去受教育的机会，可能会对未来就业产生影响。讨论时父母一定要做到心平气和，所罗列的事实也必须保证真实客观，这样才能得到孩子的认可。

实地体验打工

父母苦口婆心劝半天，孩子依旧坚持不想上学，那就找个时间带孩子去体验打工的生活。一个12岁的男孩说不想上学了，想打工赚钱，他的爸爸一口答应，带他去了一家食品加工厂。他的工作就是往流水线上放调料包，开始他还觉得简单，但流水线的速度很快，他一刻也不能停下来，干了不到一天，他手臂酸痛，直喊要回去上学。

孩子只有体验到生活的苦，才会选择回去读书，才能真正全身地投入到学习中去。

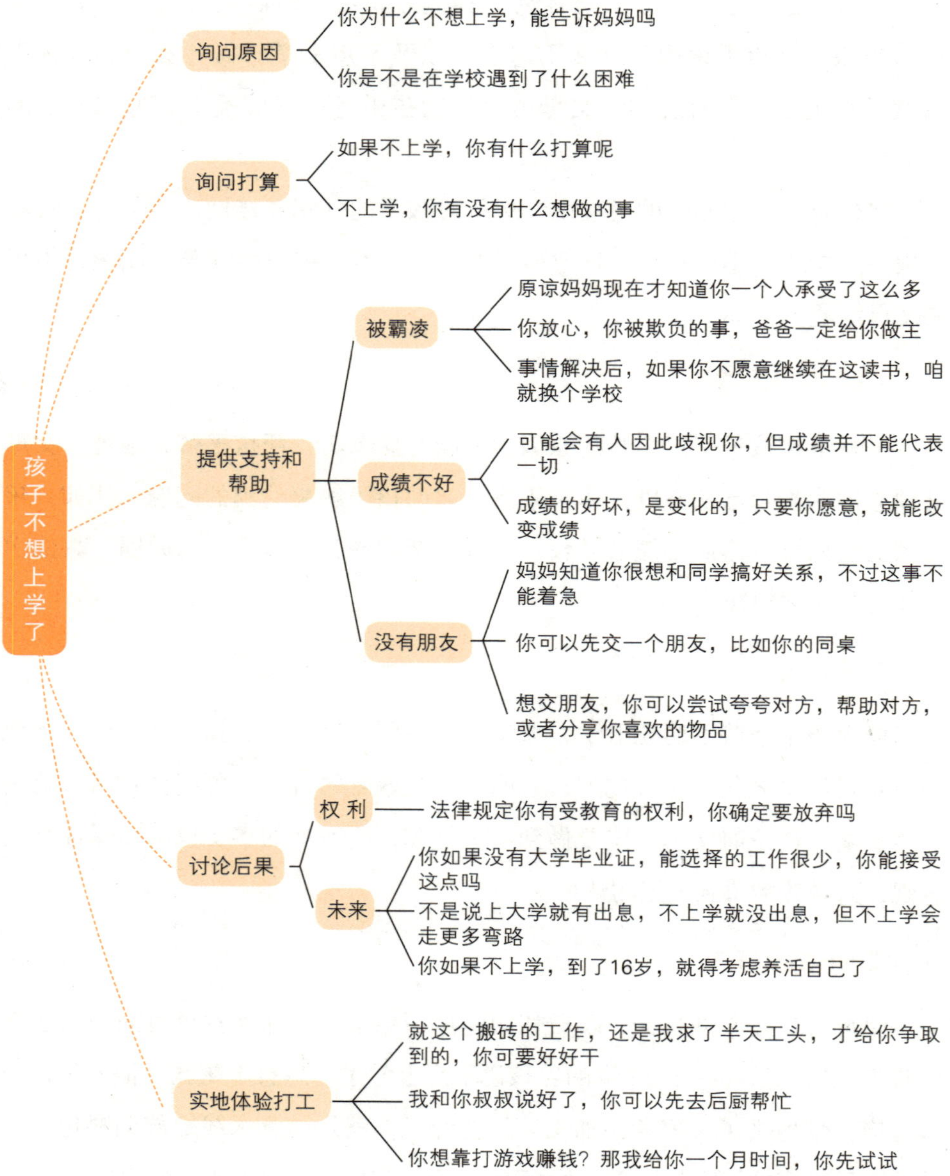

第6章

孩子外出，不听话怎么办

一出门，孩子就让抱

孩子终于学会了走路，父母都感觉很开心。但是，当孩子一出门的时候，没走几步路，就会伸手要求抱抱。抱，太费体力；不抱，孩子又会闹个没完。这让父母觉得很疑惑、很烦恼。

情景回放

周末，我带着孩子去逛超市。孩子在家里的时候活蹦乱跳、上蹿下跳，没想到，刚进了超市就一直吵着要抱抱。我跟孩子说："你不是会走路吗？干吗还要抱呢？"孩子抱住我的大腿，磨蹭着央求我，死活不肯自己走。我不想惯着她，就坚决没同意。孩子伤心地坐在地上大哭。

——幼儿园中班嘉琳妈妈

诊断小档案

孩子会走路，为什么还要求抱抱？

- 对陌生环境感到恐惧
- 感觉累了，想要休息
- 想让视野更开阔一点儿
- 单纯想要撒娇
- 对走路失去新鲜感

千万不要这样说

骂孩子“懒”

“才走这么会儿就累？我看你就是懒。”

“你在家里走一天都不带累的。赶快起来。”

认为“爸爸妈妈不爱我”： 有些父母在孩子想要抱的时候，觉得孩子就是犯懒，于是忍不住斥责孩子，态度和言辞十分严厉。这样的批评会给孩子的心灵造成伤害，会让孩子认为父母嫌弃他，产生“爸爸妈妈不爱我”的想法。

同意抱孩子

“赶快起来，妈妈抱你还不行嘛。”

“抱就抱吧，反正等你长大了，我就没法抱喽。”

养成撒娇的坏习惯： 有些父母不忍心看孩子哭闹，孩子一闹，就会伸手去抱孩子。这种做法会让孩子养成撒娇的坏习惯。今后孩子有无理的要求时，也会用这种方法来达到自己的目的。

这样说会更好

询问孩子不肯走路的原因

父母遇到孩子不肯走路的情况时，不要上来就劈头盖脸一顿骂，应该尽可能和孩子沟通：“你是累了吗？”“这里人太多，你害怕了吗？”问清楚孩子不想走路的真正原因，明白孩子的感受，父母才能更好地去安抚孩子，和孩子协商下一步应该怎么做。

如果孩子是因为环境陌生而感觉害怕，父母可以在体力允许的情况下抱孩子一会儿，给他们一段观察、适应环境的时间。比如，在商场里，父母可以和孩子协商只抱他一段路：“妈妈只抱你 5 分钟，你再下来自己走，好不好？”

和孩子一起休息

如果孩子确实是因为累走不动了，父母可以和孩子一起找个地方休息一下，比如，“咱们坐这里休息一会儿再走”“咱们在那里歇5分钟，你看行吗”。等孩子休息好了，父母再和孩子一起走。

如果父母感觉很累，无力抱孩子的时候，可以把自己的感受告诉孩子，比如，可以说：“爸爸/妈妈现在有点累，没有力气抱你。咱们一起走到那里休息会儿吧。”当孩子同意父母的请求后，父母要及时给予肯定：“爸爸/妈妈很欣赏你的坚持，你真棒！”

让走路充满趣味

单调的走路，会让孩子觉得没有意思。父母可以边走边和孩子玩一些游戏，比如，“谁先走到那个地方，谁就赢了”“你数数路上有几个路牌，正确的话奖励你一颗糖”。这些游戏都能让走路变得有趣，当然，前提是要注意安全。

孩子去他认为没意思的地方，也可能不愿意走路。父母带孩子出行时，可以尽量考虑孩子感兴趣的地方，比如公园、游乐场等地，孩子就会很愿意自己走路了。

父母还可以适当地鼓励孩子尝试自己走，比如，“你看前面那个地方的东西真好玩，咱们走过去看看，好不好”“你想和那个小朋友一起玩吗？妈妈抱着你，你就没办法玩喽”。

装病示弱

面对孩子的纠缠，爸爸妈妈不妨装病示弱，比如腿疼、腰疼、脚崴了、头晕等，都可以作为借口。注意，最好加上动作和表情，装得像一点儿，否则穿帮了，孩子下次就不信你了。适当的示弱也可以让孩子懂得心疼爸爸妈妈，懂得感恩。

孩子一出门就让抱

- **询问原因**
  - 你是不是累了
  - 这里人多，你是不是害怕了
  - 那妈妈抱你5分钟，你就下来自己走，可以吗
- **一起休息**
  - 那有椅子，咱们休息会儿吧
  - 我也累了，休息10分钟，怎么样
- **增加趣味**
  - 咱俩来比赛吧，看谁先走到那棵大树旁
  - 我们来数路灯吧，谁先数到20，谁就能得到一个棒棒糖
  - 前面怎么那么多人？我们快过去看看有什么好玩的
- **装病示弱**
  - 哎哟，我的脚崴了，疼死了
  - 我忽然有点头晕，宝贝，赶紧扶我一下
  - 宝宝，爸爸腿疼，走不了路了

孩子玩疯了，不肯回家

很多父母都有一种体验，那就是带出门的孩子，就像脱缰的野马，放出去容易，带回家很难。说好再玩 10 分钟，到点了仍然不走。父母不得不威胁、恐吓，甚至动用武力让孩子回家，结果孩子哭哭啼啼，父母一肚子气，完全破坏了出来玩的初衷。

情景回放

孩子写完作业，央求我带她去小区广场上的充气城堡里玩一会儿。充气城堡里有很多小朋友，孩子玩得不亦乐乎。晚上 6 点了，我得回家做饭，就喊孩子回家。孩子却不肯回，说要再玩一会儿，我只好答应。快 6 点半了，我告诉孩子必须得回家了，如果她不回，就自己在这儿玩吧。然后，我就作势要回去了，没想到孩子却不理我。我就一把抓住她，拖着她回家。孩子一路哭，到家还停不下来。

——一年级可悦妈妈

诊断小档案

孩子为什么贪玩，不愿意回家？

- 在外面没玩够
- 喜欢和外面的小朋友一起玩
- 外出玩耍的机会比较少
- 家里环境枯燥无趣
- 没有时间观念

千万不要这样说

直接带走

“我是你爸，你就得听我的。赶紧跟我回去。”

“你哭也没用，让你回家你就得听话。”

感到愤怒、委屈：有些父母，尤其是父亲面对孩子不愿意回家，感觉很烦躁，于是不顾孩子的抵抗，直接把孩子扛走或拖走，任凭孩子哭闹也不妥协。这会让孩子感到愤怒、委屈，进而对父母产生对抗心理。

把孩子丢下

“你不走，那我走了啊。”

“你不是想玩吗？你就一个人在这儿玩吧。”

丧失安全感：孩子不想走时，有些父母会抛出这个“杀手锏”，然后做出要丢下孩子离开的架势。结果多半是孩子在号啕大哭中跟着父母离开。父母营造出的这种“遗弃”的氛围，会破坏孩子对父母的依恋感，让孩子丧失安全感。

引诱孩子

“零食都吃完了，你还想要，就得回家吃。”

“你不是想看动画片吗？你现在回家，我就让你看。”

建立错误的价值观：父母采取利诱的方式哄孩子回家，这会让孩子建立一种错误的价值观，只要给他足够的诱惑，他就可以违心地去做任何事情。父母这种做法的副作用非常大。

这样说会更好

限制玩耍的时间

带孩子出去玩之前，父母可以先和孩子商量好，去什么地方，什么时候出发，玩多长时间，比如，“我们今天只能在公园玩半小时”或者“该吃晚饭的时候，我们就要回家”。

另外，父母还要“把丑话说在前面”，告诉孩子如果违反约定，就要受到惩罚，比如，“你明天要少玩半个小时”。如果遵守约定，孩子就能得到一个小奖励。约定好后，父母可以郑重地重申一下，或者和孩子拉钩，加深孩子的记忆。

让孩子有缓冲的时间

为了避免到时间孩子不舍得回家，父母可以在离开前给孩子设定一个缓冲的时间，让孩子有个思想准备。比如，提前 15 分钟就告诉孩子：“我们再玩 15 分钟就要回家喽。”然后每隔 5 分钟提醒他一下：“5 分钟过去了。”“只剩下最后 5 分钟了。”

父母想要培养孩子的时间观念，可以给孩子看手表、闹钟等。没有时间观念的孩子，父母可以用“你再骑两圈车子就要走啰”这类孩子能接受的方式。

让孩子自主决定怎样玩耍

在玩耍时，父母应该尊重孩子自己的选择，比如问孩子想要玩沙子，还是坐滑梯。时间快结束时，父母可以问孩子：“最后一项，你是想坐秋千还是玩滑梯？”让孩子选择自己想玩的项目，他玩得尽兴就比较愿意跟着父母回家了。

温柔、坚定地执行

当孩子要赖、哭闹拒绝离开的时候，父母要用笃定的眼神看着孩子，用温和的语气对孩子说：“我们已经商量好了，只玩一个小时。所以我们必须要走了。”接着收拾东西，给孩子穿好外套，让孩子和其他小朋友说“再见”，然后走在孩子的前面，或者牵着孩子的手离开。

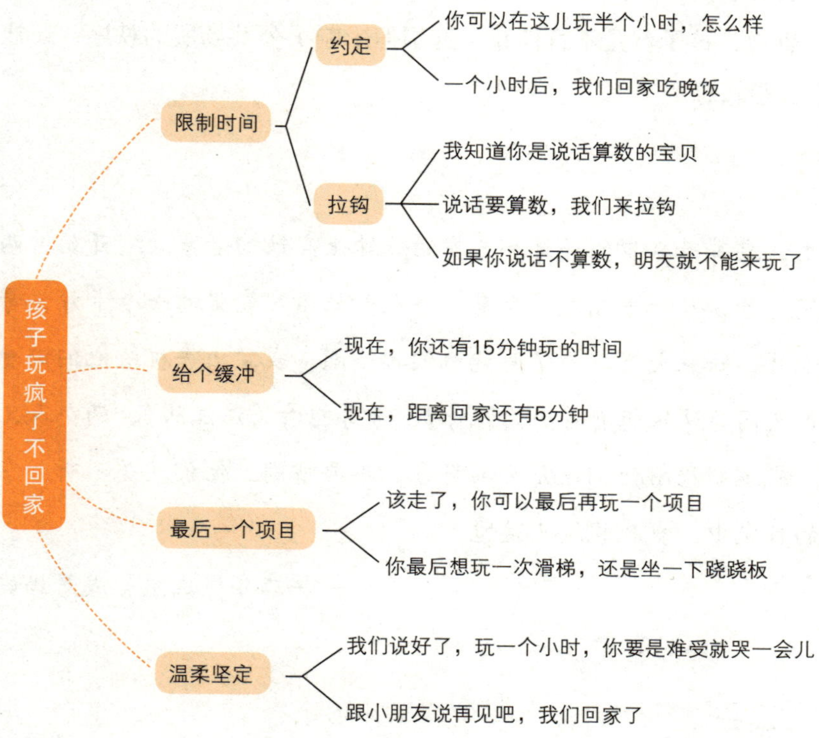
孩子玩疯了不回家
限制时间
约定
你可以在这儿玩半个小时，怎么样
一个小时后，我们回家吃晚饭
拉钩
我知道你是说话算数的宝贝
说话要算数，我们来拉钩
如果你说话不算数，明天就不能来玩了
给个缓冲
现在，你还有15分钟玩的时间
现在，距离回家还有5分钟
最后一个项目
该走了，你可以最后再玩一个项目
你最后想玩一次滑梯，还是坐一下跷跷板
温柔坚定
我们说好了，玩一个小时，你要是难受就哭一会儿
跟小朋友说再见吧，我们回家了

孩子在公共场合大声吵闹

孩子在公交、高铁、图书馆、电影院里大声喧哗，跑来跑去，无论父母如何训斥、管教，孩子就是不肯停止，这不但影响了公共场所的秩序，还让父母很无奈、很尴尬。

情景回放

暑假里，我带着8岁的哥哥和5岁的妹妹坐高铁回老家。刚开始，两个孩子还能吃着零食和平相处，后来两个人开始争零食里的一个卡片，哥哥抢走了卡片，妹妹大哭。为了避免他们再吵闹，我拿出手机给他们俩看动画片。但又因为妹妹想看《小猪佩奇》，哥哥想看《汪汪队》，两个人又吵了起来。我不断提醒他们这是公共场合，不要吵闹，他们就是不听。在大家谴责的目光中，我既尴尬又羞愧。

——二年级成杰、成慧妈妈

诊断小档案

孩子为什么在公共场合大声吵闹？

- 天性使然
- 习惯大声尖叫或大声讲话
- 希望引起注意
- 用大声尖叫来宣泄情绪
- 被父母训斥大声反驳

千万不要这样说

粗暴制止

“不要再喊了，赶紧闭嘴！”

“怎么这么没礼貌？赶紧给我安静下来。”

继续吵闹：在公共场合，父母训斥孩子，想让他们安静下来，这种做法往往无济于事。父母越是训斥孩子，孩子就越是吵闹。

对孩子施以拳脚

“你怎么这么烦人呢？再闹就打你。”

“是不是非让我给你来一下？老实待着。”

情绪更激动：父母在大庭广众之下打孩子，会损伤孩子的自尊心，让孩子感觉没有面子，情绪会更加激动。即使孩子迫于压力，这次听话安静下来，他心里也不会明白自己错在哪里。

这样说会更好

强化规则

父母在出门前要告诉孩子这次要去哪些地方，和孩子讲清楚在这些公共场合需要注意的礼仪和要遵守的规则，比如，不能大声喊叫、要低声说话、不要追逐打闹、不要影响别人等。父母说完，可以让孩子再重复一遍，然后再写下来，让孩子加深印象。

了解孩子吵闹的原因

孩子大吼大叫的背后，肯定是有原因的，只是他无法准确表达，只能用叫嚷的方式表现出来。父母可以问孩子：“哪里不舒服吗？”“你是不是太开心了。”“你是不高兴了吗？”在孩子回答之后，父母还可以告诉他，下次有什么想法要直接说出来，否则父母不知道原因，无法满足他。这样可以让孩子学会冷静地面对问题，说出自己的感受。

讲有趣的事转移注意力

孩子在公交、高铁上哭闹，父母可以给孩子讲一讲窗外的风景，指着车厢里的物品或父母和孩子的帽子、眼镜等物品给孩子讲一些有趣的故事。假如是在博物馆，父母可以给孩子讲参展物品的历史和典故等。假如是在餐馆，父母可以给孩子讲所点菜品的来历和特点等。讲述这些有趣的事情能够转移孩子的注意力，让孩子不再哭闹。

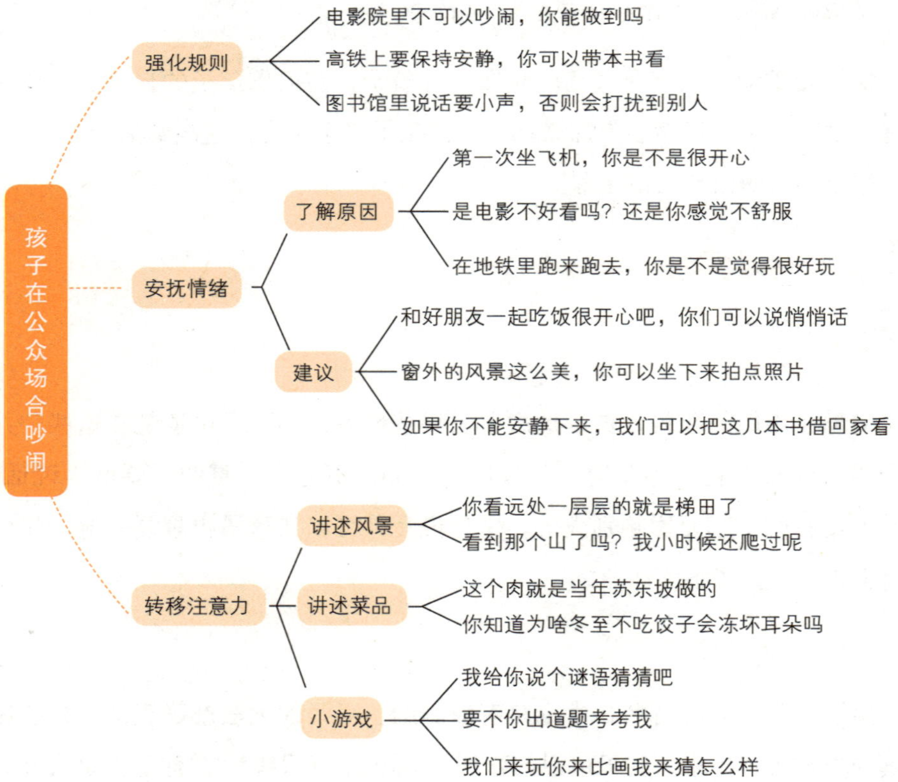

不给买，孩子就当众撒泼

父母带着孩子出门，最怕去超市。满目的零食、玩具，孩子见什么要什么，不给买就躺在地上撒泼耍赖。不买吧，众目睽睽之下，真的很丢人。买吧，就这样被孩子轻易“拿捏”，实在不甘心，真令人发愁。

情景回放

我带着孩子去商场，本来想给他买件衣服，可是经过零食商店时，孩子非要买巧克力和薯片。我跟他说，巧克力吃太多会得蛀牙，薯片吃太多会长胖。他听了很不开心，嘟着嘴，我抓着他的胳膊向前走。前面是一家玩具店，他一眼又看中了摆在门口的乐高汽车，非要买。这次不管我怎么劝说，他就是不肯离开。我想把他抱走，他干脆一屁股坐在地上，大声哭喊，引得路人侧目。我真想一走了之，太丢人了。

——一年级安安妈妈

诊断小档案

孩子为什么会撒泼耍赖？

- 尝到过撒泼的甜头
- 无法抵挡玩具、零食等的诱惑
- 不能很好地控制情绪
- 为了引起父母的关注

千万不要这样说

拒绝、威胁孩子

“你这样也没用，我走了，你自己在这儿慢慢哭吧！”

“我数到三你快点起来，不然我就不要你了啊！”

怨恨父母：孩子撒泼耍赖时，父母坚决不答应，并且威胁孩子要将他丢下不管。这种方法可能在当时会见效，但会使孩子怨恨父母。

变得自卑、胆小：父母严厉和威胁的说话方式，会导致孩子以后不敢开口表达自己喜欢什么，变得自卑、胆小。

向孩子妥协

“别哭了，快起来，我给你买还不行吗？”

“这是最后一个了啊，以后再也不给你买了。”

以此要挟父母：父母碍于面子或者禁不住孩子的撒泼打滚，不得不妥协，孩子就会觉得这招很好用。以后如果父母不满足孩子的要求，他就会继续哭闹、耍赖，胁迫父母同意。

变得自私、任性：父母没有原则和底线的妥协，会让孩子变得特别自私和任性。他会认为自己的所有要求都必须被满足，所有人都必须无条件地对他好，失去明辨是非的能力，长此以往，他可能就会为了达到目的而不择手段。

这样说会更好

允许孩子哭

孩子哭泣时，父母不用急着阻止他，可以允许他哭一会儿，然后问他：“妈妈/爸爸拒绝了你，你是不是很难过？”让孩子明白自己现在处在“难过”的情绪之中。这时候父母可以接着和孩子说：“你难过你就哭吧，妈妈/爸爸陪着你。”这就是接纳了孩子的情绪。孩子明白自己可以宣泄情绪，爸爸妈妈会陪着自己，他是安全的。

做好约定

父母在出门之前，须提前就需要购买的物品和孩子做好约定，商定好购物清单。当孩子在购物过程中，看上不在清单中的物品时，父母要提醒孩子："咱们之前已经约定好了，这次不买别的东西。"就算孩子软磨硬泡，父母也不能答应，要告诉孩子："下次再买。"

告诉孩子拒绝的理由

等孩子的情绪稍微平复之后，父母要直接带孩子回家，然后告诉孩子拒绝他的理由，比如，"我们说好每个月只能买两次玩具，这个月的次数已经用完了"或者"这个东西比较贵重，你想要的话，可以等到你生日或过年的时候买"。

假如孩子特别喜欢某个东西，父母还可以和他商定一个计划，将这个东西作为奖品买给孩子，比如，"假如你坚持一个月早睡早起，我就奖励你这个玩具"。让孩子知道通过自己的努力可以得到奖励。

表扬孩子的正确表现

当孩子忍住冲动，没有买想买的东西时，父母需要大力地表扬孩子，告诉孩子："你做得很好。"孩子因为表现良好而受到鼓励时，自然会更乐于表现出好的那一面。对于父母订立的规矩，孩子就能够更好地遵守。

不买就撒泼耍赖

- 允许哭
  - 没给你买，你很难过，是不是
  - 你难过就哭一会儿吧，妈妈陪着你
- 做约定
  - 约定内容
    - 等会儿去超市，我们来商定一下购物清单吧
    - 你有没有想买的东西？你可以想一个写在清单上
    - 我们先说好，只买清单上有的东西
  - 提供选择
    - 这10元钱归你支配，你可以自己决定买什么
    - 你只能买一样，你想好是买这个，还是买那个
- 拒绝有理由
  - 你答应过一个月买一个玩具，这个月你已经买过了
  - 你这个月的零花钱已经用完了，所以没有钱买了
- 购买有条件
  - 如果你坚持每天认真刷牙，半个月后我就把小汽车买回来送你
  - 等你过生日的时候，你可以选一个喜欢的玩具
- 肯定表现
  - 今天你在超市表现得很好
  - 刚才妈妈没给你买彩虹糖，你没有哭闹，妈妈给你点个赞
  - 那个发卡很漂亮，但你说家里还有就没有买，你学会了放弃，妈妈很开心

孩子有推人、抓人、打人等攻击行为

在教育孩子时，父母都会告诫孩子不要打人，但很多孩子都会出现攻击行为。父母看到孩子有这些表现的时候，应该正确地应对、认真纠正和引导孩子，让孩子走上正确的成长道路。

情景回放

吃过晚饭，我带着儿子在楼下的小花园里散步。一位奶奶领着一个小女孩来了，小女孩骑着一辆滑板车，轮子一闪一闪的，还放着音乐。儿子被这辆滑板车吸引住了，我让他等小女孩停下来的时候，去问问对方，愿意不愿意借给他玩一会儿，儿子很快就跑过去询问："能借我骑一会儿吗？"结果小女孩说不行，儿子一听就急了，上前拉住对方的滑板车，还伸手去推小女孩，差点把小女孩推倒。我立马跑过来，拽过儿子，教训了一顿。

——幼儿园大班文轩妈妈

诊断小档案

孩子为什么会有攻击行为？

- 感到愤怒、沮丧、悲伤等
- 和同龄人发生冲突
- 想要获得自己想要的东西
- 模仿父母或影视剧中的行为

千万不要这样说

纵容孩子

“小孩子嘛，不懂事。下回不许打人了啊！”

“我们孩子不会打人的，肯定是那孩子先动的手。”

导致孩子肆意妄为孩子第一次打人的时候，有些父母觉得孩子还小，打人没什么大不了的，有些父母还会给自己孩子找理由开脱。父母如果是这样的态度，孩子会认为反正父母会给自己“擦屁股”，从而更加肆无忌惮，出现更多的攻击行为。

体罚孩子

“你拿哪只手打的人，我就打你哪只手，让你长长记性。”

“下次还敢打人吗？再敢动手，我就接着打你。”

增加攻击性：有些父母看到孩子打人时，会气急败坏地对孩子使用暴力，但是这种方法并不能防止孩子打人，反而会增加孩子的攻击性，让孩子坚定地相信打人是解决问题的唯一方法。

这样说会更好

及时指出孩子的错误

当孩子有攻击别人的行为时，父母应该立刻阻止孩子，注视着孩子的眼睛，明确告诉孩子：“打人是不文明的行为，你以后不能再这样做了。”父母要让孩子知道这样做是不对的。

父母还可以把被打孩子的感受告诉孩子：“你想想被你打的小朋友，多难过、多疼啊！”这样可以让孩子反思自己的错误，从内心意识到问题的严重性。

了解孩子攻击别人的原因

孩子出现攻击行为，一定是有原因的。父母要在孩子情绪稳定的时候，耐心地询问孩子为什么要这样做，“你为什么推小妹妹呢？你也想要玩那个娃娃吗”“是不是那个小姐姐一直笑你的脸脏了，你很生气，所以就打了人家一下”“你想和人家一起玩，不知道怎么说，就抢了人家的玩具是吗”。找到孩子失控的原因，才能更好地帮孩子找到解决问题的方法，避免今后出现同样的状况。

引导孩子正确地表达情绪

有的孩子是因为不会正确表达内心的想法，所以出现打人的情况，父母应该引导孩子正确地表达情绪。比如，当孩子看到别人手里有他喜欢玩的小汽车时，如果想玩就应该主动过去询问：“我可以玩一下你的小汽车吗？”“我这里有个机器人，可以跟你换着玩吗？”

另外，父母有责任教会孩子正确处理负面情绪的方法，“你感觉生气的时候可以自己去安静的地方待一会儿”“爸爸给你买了个捏捏乐，你心烦时可以捏一捏”。这样有助于孩子缓解情绪，在生气的时候不影响别人。

对孩子打人进行惩罚

孩子有攻击行为后，父母要对孩子进行惩罚，比如，“你今天又打人又踢人，爸爸/妈妈要赔偿人家医药费，这个得从你的零花钱里扣了”。

- 孩子有攻击行为
  - 指出错误
    - 立即阻止
      - 打人是不礼貌的
      - 你这样做是不对的
    - 道歉
      - 你把小朋友弄疼了，要怎么道歉呢
      - 你把小朋友打哭了，你得和妈妈一起去道歉
      - 你觉得怎么说，小朋友才会原谅你呢
      - 你可以向阿姨和小朋友保证，你以后再也不打人了
    - 思考感受
      - 如果你被小朋友推倒了，你是不是也很难过
      - 如果有小朋友抢了你的玩具，你是不是也很生气
  - 了解原因
    - 你为什么推小妹妹，能告诉妈妈吗
    - 小哥哥不和你玩，你就推了他一下吗
    - 弟弟不同意你玩他的小火车，你很生气就打了他吗
    - 你的意思是对方嘲笑你，你才动手的吗
  - 引导正确表达
    - 礼貌请求
      - 你可以说：小哥哥，我可以和你一起玩飞盘吗
      - 你可以说：妹妹，你的玩具冰箱可以借我玩一会儿吗？我保证不弄坏
      - 你也可以和对方交换：我可以用飞机换你的机器人玩吗
    - 接受被拒绝
      - 别人可能会拒绝你，就像你会拒绝别人一样
      - 如果你被拒绝很生气，就捏这个小鸭子
  - 必要补偿
    - 你把别人打伤了，医药费得从你的零花钱里扣

第7章

教孩子学习处理坏情绪

恐惧：孩子害怕的东西太多

恐惧、害怕是人类为了躲避伤害而表现出的自我防御反应，是一种本能的情绪。当孩子满脸惊惧，说自己好怕的时候，父母该怎么回应呢？

情景回放

儿子从出生就一直和我们睡一起。今年他该上小学了，我觉得该分房睡了，就给他布置了新房间，买了他最喜欢的恐龙床单，但他就是不肯自己睡，说害怕。

没办法，他又在我们床上赖了一段时间。我觉得这样下去不行，执意把他送到自己的房间，塞进被窝。他拉着我的手不肯松开，我问他怕什么，他说怕怪兽。我说哪有什么怪兽，让他快睡，但他一直很害怕的样子，真不知道该怎么说他。

——一年级景超妈妈

诊断小档案

孩子为什么会害怕？

- 有丰富的想象力
- 对未知事物的恐惧
- 有过恐惧的经历
- 经常被吓唬

千万不要这样说

随意敷衍

“没事，不怕。”

“你别瞎想，就不怕了。”

“你长大了，该一个人睡了。”

没有安全感：如果父母根本就不在意孩子的感受，面对孩子的求助，只是随便敷衍一下，会让孩子觉得父母对自己漠不关心，完全不在意自己，就会失去对父母的信任，变得非常没有安全感。

嘲笑胆小

“打雷有什么好怕的？你真是个胆小鬼。”

“真没出息，一只猫都能把你吓哭。”

“你都 7 岁了，还不敢一个人睡，别人知道了会笑话你的。”

内向懦弱：父母的嘲笑会让孩子觉得，自己的害怕是一件很丢脸的事，别人知道了也一定会笑话自己。孩子因此不敢也不愿意和别人说话，哪怕是同龄人，严重的话就会养成胆小、懦弱的性格。这种性格的孩子容易被欺负，而且被欺负了也不敢反抗，不敢和父母说。

恼羞成怒：本来害怕是一种再平常不过的情绪，父母的嘲笑会让孩子非常不开心。如果孩子正好处于叛逆期，甚至会变得恼羞成怒，和家长发生争吵或者冷战。

盲目鼓励

“不怕不怕，你最勇敢了。”

“男子汉大丈夫，要勇敢。”

“这点高度怕什么？加油！你能行！”

加深恐惧，留下阴影：父母的鼓励本意是想让孩子勇敢地去挑战，但这种盲目的鼓励，让孩子感受到的只有被否定。比如，孩子不敢坐过山车，父母却非要让他去试试，这等于让他独自去面对恐惧，把他置于一种孤立无援的境地。他不会因此变得勇敢，反而会更加害怕，甚至可能会留下心理阴影。

这样说会更好

允许害怕

虽然在我们看来，小孩子害怕的那些东西简直不值得一提，但我们也不能因此阻止孩子的感受。允许孩子害怕，接纳孩子的害怕，才能帮助孩子卸掉压力，给恐惧一个出口，把害怕的情绪释放出去。比如，孩子怕打针，那就允许他哭，而不是粗暴制止。

父母不要逼着孩子去做让他感觉恐惧的事情，尤其是一些恐惧体验，事先一定要征得孩子的同意。比如，孩子恐高，脸色都发白了，就不要非带他去坐摩天轮。

弄清本质

恐惧源自未知，由于孩子知识的欠缺，又正处于想象力丰富的年龄，就非常容易把一些普通的自然现象和妖怪、大怪兽联系在一起。这种对未知的恐惧，只要能给出科学合理的解释，就能化解掉。

比如，孩子害怕天黑，父母可以用一个灯和一个球来模拟地球和太阳的关系，告诉孩子地球一边绕着太阳公转，一边自转，天黑是因为太阳光被遮挡住了。也可以告诉孩子，虽然光线变暗了，但是事物和白天并没有两样，同时引导孩子在黑暗的环境中，触摸白天熟悉的物品。当孩子发现事物并没有在黑暗中发生变化，而自己在黑暗中也是安全的，恐惧感便会降低或消退。在心理学上，这是一种用于治疗儿童恐怖症的暴露疗法。

理解支招

如果孩子因为害怕不敢一个人睡，那就陪他一会儿，有爸爸妈妈在，孩子就会安心。或者给孩子留一个小夜灯、一个喜欢的玩偶，陪着他，保护他。

如果孩子害怕狗狗，父母可以先和孩子一起看有关于狗狗的绘本或者动画片，降低孩子对狗狗的敏感度。一段时间后，父母可以送给孩子玩具小狗，先送毛绒玩具狗，再送仿真玩具狗。最后，当孩子看到真的狗狗仍然很怕的时候，父母不要责备孩子，也不要表现得大惊小怪，带着孩子离开即可。多制造一些孩子和狗狗见面的机会，但不要超过他能接受的程度，慢慢他就能习以为常了。

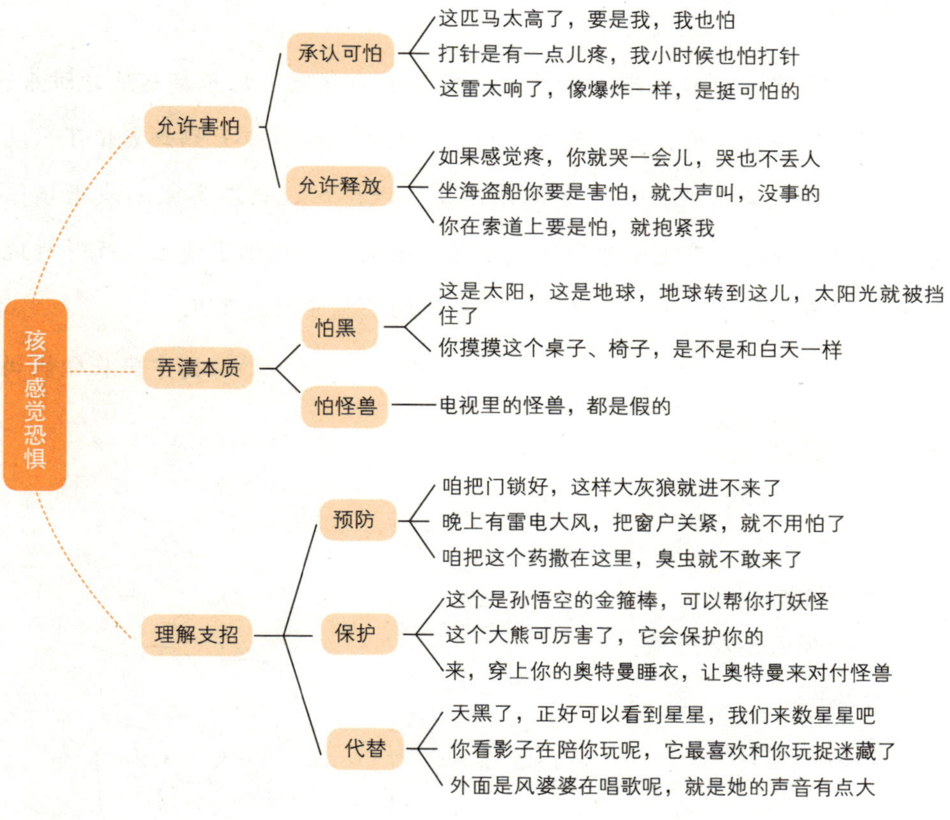

愤怒：孩子动不动就发脾气哭闹

有的孩子脾气暴躁，动不动就发火，撒泼打滚，耍赖不讲理，甚至摔东西、动手打人。面对此情景，父母心里的火也是噌噌往上蹿，忍不住大吼大叫，以暴制暴。但就这样把孩子压服，让孩子把愤怒憋回去，真的好吗？

情景回放

下班到家，我直接瘫在沙发上，饭都没力气做。儿子颠颠地跑过来，问我给他买陀螺了吗，昨天答应他的。我无力地说，今天妈妈太忙了，没顾上买，明天再买吧。他听了不依不饶，埋怨我说话不算数。我很烦很累，不想搭理他。只见他狠狠地把桌子上的玩具车推到了地上，气呼呼地看着我。我也急了，把他拉过来，照着他的屁股使劲打了几下。

——幼儿园中班辰硕妈妈

诊断小档案

孩子发脾气的原因有哪些？

- 心愿得不到满足
- 被冷落、忽视
- 不知道如何正确表达诉求
- 感到委屈
- 身体不适，病了累了

千万不要这样说

哄骗、贿赂

“别生气了，妈妈带你去买棒棒糖，你想不想吃？”

“给你一块巧克力，别哭了。”

“你别哭了，我给你放动画片。”

无法学会情绪管理：哭闹原本是孩子很正常的情绪反应，很多父母因为不喜欢或者不能接纳，会选择用零食或者孩子喜欢的事，转移分散孩子的注意力。孩子在心情瞬间阴转晴的同时，实际上错过了面对自己真实情绪的机会，也错过了学习处理负面情绪的机会。

影响抗挫能力的发展：孩子一哭闹，父母就想办法哄他开心，孩子没有机会去建立应对挫折的强大内心，导致心理素质变差。等孩子长大后，遇到什么不开心的事自己不能处理，而是寄希望于别人的帮助。但离开了父母，谁又会在孩子遇到困难时用心良苦地去哄他呢？

过度冷处理

“你一个人在这儿哭吧！”

“你哭你的，我玩会儿手机。”

对父母失望乃至绝望：在孩子闹脾气的时候，短暂的隔离，可以帮助孩子平复情绪。但如果父母完全不理不睬，一味冷漠以对，或者冷处理的时间过长，冷处理就变成了冷暴力。孩子会更加愤怒，更加用力地哭闹，以表达自己的失望和绝望。有的孩子甚至会做出更极端的行为，比如用头撞墙。

性格孤僻冷漠：著名心理咨询师武志红曾说：“没有回应，家也是绝境。”从小得不到父母的关注和回应，长期遭受冷漠的孩子容易形成孤僻的性格。在父母的选择性忽视中，他们也会变得冷漠，成为低信任者和低安全感者，很容易产生挫败感。

妥协

“你别哭了，我就给你买。”

“买买买，别哭了。”

脾气越来越大：如果孩子一闹脾气，要求就能被满足，那么，一旦有什么不如意，他就会情绪失控。随着父母的不断妥协，他的脾气只会越来越大，以迫使父母满足他更多的无理要求。一旦父母不愿意满足，孩子就可能会用更激烈的手段要挟父母，比如离家出走、自残、自杀等，直至父母妥协才肯罢休。如此，孩子在失控的道路上越走越远，父母也越来越没办法。

这样说会更好

表达关注

孩子哭闹的时候，父母可以静静地陪着他，但不是冷酷无情地陪着，而是要让孩子感受到自己被关注。父母可以对孩子的情绪表达认可，也可以询问孩子是否需要自己的帮助，或者帮他倒一杯水，给他递一下纸巾，让他知道，你一直在关注他就够了。

等孩子的情绪稍微缓和的时候，再问他现在感觉怎么样，有没有好点，愿意不愿意和父母去玩。或者告诉他，下次生气的时候该怎么做。

梳理情绪

等孩子冷静下来之后，父母可以拉着孩子坐下，帮他梳理一下自己的愤怒。可以询问他生气的原因，是被误会了，还是被欺负了，又或者是被拒绝了。

父母的引导，一方面，是让孩子把注意力转移到引发愤怒的事件上，试着脱离情绪后去看待事情；另一方面，也是让孩子去重新看待发生的事情，有时候换个角度，反而没那么生气了。

提前预告

如果孩子脾气暴躁，没有耐心，喜欢用哭闹的方式威胁父母，可以提前给孩子打个预防针，让孩子提前接受可能发生的情况，以降低突发情况对孩子情绪的刺激度。比如，去游乐场玩，人多排队的时间长，父母可以提前告诉孩子如果想玩，就得有耐心排队，不能乱发脾气。比如，去餐厅吃饭，父母可以提前和孩子约定，如果他喜欢的食物恰好没有，可以找别的代替，而不能哭闹。再比如，计划出行，父母要和孩子提前说明，出行的计划也可能会因为天气等特殊情况而临时取消，到时会再做安排，希望他能接受。

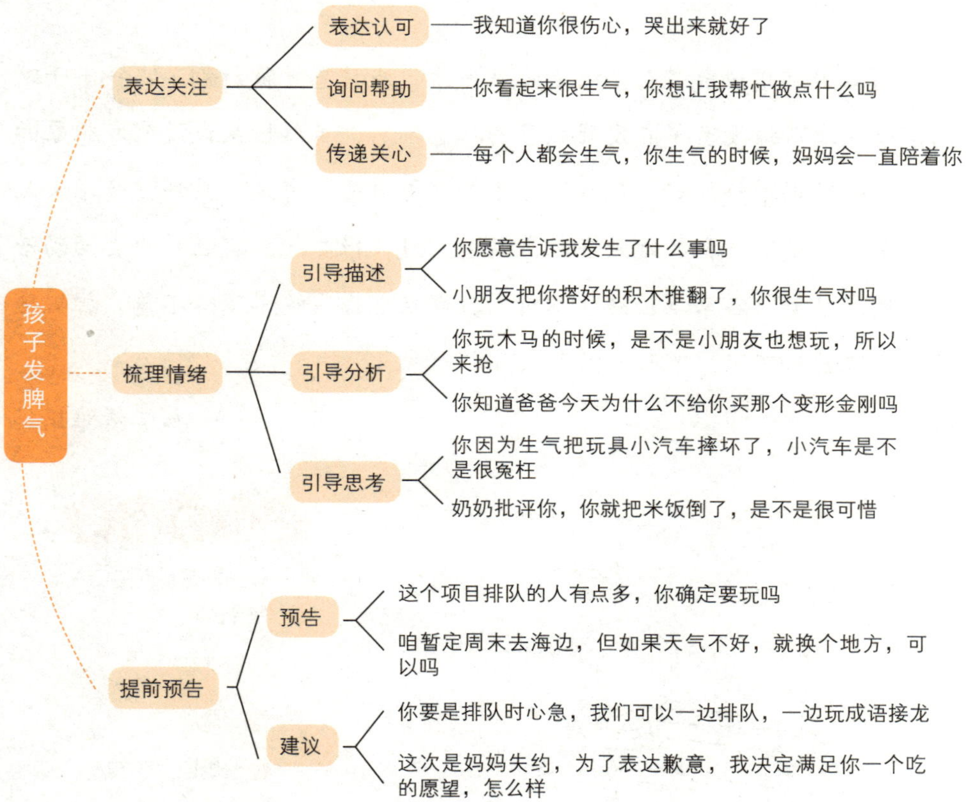

抑郁：孩子不开心，对什么都没兴趣

可能很多家长觉得抑郁症离自己的孩子很远，以为孩子只是一时情绪低落。实际上，也许正是父母长期的忽视，导致孩子的负面情绪得不到宣泄，然后一点一点沉积在心中，以致逐渐出现抑郁症状。

情景回放

自从老师建议我带孩子去看心理医生，我就感觉被打倒了，一下子跌入黑暗。我后悔没有早点发现孩子的状态不对，虽然医生说没有我想象的严重，吃药调理就能好，但我还是不能原谅自己。可是，看到孩子每天无精打采，不是玩手机，就是在床上躺着，我又很生气。我让她出去活动活动，别老“宅”在家里，她也不听。我现在焦虑得吃不下睡不着，担心她这样根本就好不了，不知道该怎么办。

——初二清雅妈妈

诊断小档案

孩子抑郁爱说的口头禅是什么？

- 烦死了
- 没意思
- 没胃口，不想吃
- 好难受，难受……
- 好痛苦，想死……

千万不要这样说

不理解，不当回事

“天天好吃好喝地伺候你，你有什么好愁的？”

“还有很多孩子上不起学呢，你知足吧！”

“小孩子家家，说什么不想活，没事出去跑两圈就好了。”

委屈无助：孩子情绪低落，失去了感知快乐的能力，这是一种心理疾病，和孩子享有的物质条件没有关系。父母忽视孩子的感受，一味对比，帮孩子找满足感，只会让孩子觉得不被理解，感到委屈和无助。

不肯承认

“你不是抑郁症，你就是心眼儿太小，太敏感。”

“我感觉你也没有经常哭啊，怎么会是抑郁症？”

“想开了就好了，不用吃药。”

“心理医生不靠谱，情绪低落难道就是抑郁吗？”

绝望和伪装：孩子明明出现了抑郁症状，父母却极力否认，不肯承认，这会让孩子更加无助和绝望。一些孩子为了适应和讨好父母，不想被父母说自己心眼儿小、脆弱，慢慢学会伪装自己，结果发展成微笑型抑郁症。

耽误疾病治疗：据新闻报道，有个妈妈偷偷把女儿抗抑郁的药换成了维生素。父母排斥，甚至干涉孩子的治疗，只会耽误孩子的治疗，让病情进一步加重。

负面评价

“我看你就是矫情。”

“作吧，你就是在找借口‘躺平’。”

“你们学校那么多人，别的孩子不也这样过的吗？怎么就你这样了？”

这样说的坏处

压死孩子的最后一根稻草：父母的打击和否定，会深深地刺痛孩子的心。本身孩子已经承受了极大的心理压力，正在崩溃的边缘挣扎，父母的指责就有可能成为一个导火索，成为压死孩子的最后一根稻草，逼他走向绝路。

试图建议

"你就是想太多了，别想那么多。"

"想点开心的，你要学会调节自己的情绪。"

"要振作起来，别天天躺床上发呆。"

"你要多出去走走，天天'宅'在家里更容易胡思乱想。"

自卑：父母的建议本意上是为孩子着想，但孩子在这之前已经做了很多尝试和努力了，父母的话只能让孩子再一次证明自己的无能，证明自己行动能力差。原本就非常自卑和没有价值感的孩子会更加自卑、看低自己。

表露失望

"因为你这样，我吃不下睡不着，还失眠，我也要抑郁了！"

"你快点好，去上学吧。天天在家里，别人问，我都不知道怎么回答。"

"再这样下去，你就要废了！"

内疚：抑郁症不是一种选择，孩子无法靠自己的主观努力摆脱。实际上，孩子内心比任何人都想要摆脱这种情绪，父母的失望会让他们更加内疚，感觉对不起父母。

自杀：当与父母的情感链接不在了，甚至父母还在背后推自己，孩子找不到生命的意义、活着的意义，很容易崩溃，失去活下去的勇气。

这样说会更好

情感支持

患了抑郁症，孩子会非常无助，父母要认可孩子的价值，告诉孩子，就算他做得不够好，也没关系，你对他的爱是不变的。要允许孩子休息，不要担心孩子在家“摆烂”就感觉完了，孩子一辈子就没希望了。

表达关心

父母要给予孩子积极的关注，关心孩子的想法，关心孩子的情绪，关心孩子的需要。当孩子感受到被关心，感觉到被爱包围，就容易放松心情，也愿意和父母分享自己的想法。

认真谈论“死”

当孩子把“死”挂在嘴边，父母不要逃避，不要指责，不要轻视，不妨和孩子认真聊一聊。比如，孩子说“不想活了”时，父母可以问问他，发生了什么事让他有了这样的想法，或者和他探讨一下那些关于自杀的人物，思考他们的选择是不是值得。父母和孩子讨论自杀，不会让孩子真的去自杀，反而会降低孩子自杀的风险。因为说出来，也是一种释放。

给予帮助

在孩子最需要帮助的时候，父母要扮演好帮助者的角色。比如，孩子在学习中价值感低，就鼓励孩子去做喜欢的又比较胜任的事情。注意：当孩子做得好的时候，父母要及时夸奖他。再比如，父母可以和孩子一起读一些关于抑郁症的书，并进行讨论。

- 孩子抑郁了
  - 情感支持
    - 理解
      - 你不想出门，那我在家陪陪你，阳台上晒太阳挺舒服的
      - 我知道你没胃口，咱去美食街吧，看看有没有想吃的
      - 一天三考，换谁也觉得没意思
    - 接纳
      - 没关系，咱休息几个月，等好了再上学不迟
      - 就算你考不上重点高中，也还是我最宝贝的闺女，这一点永远不会变
  - 表达关心
    - 关心想法——你有什么看法，或者不满意的，都可以说出来，妈妈 不会怪你
    - 关心需求——妈妈不应该只关心你的作业，忽略了你的心理需求
    - 关心情绪——你累了，走，我们出去放松放松吧
  - 弄清楚来龙去脉
    - 人生有没有意义，我说不好，但肯定不只有高考，不只有学历
    - 有时候，活着的痛苦真的能让人崩溃
    - 你知道吗？很多孩子都有过想死的念头，我小时候也有过
    - 痛苦到想死，那是内心默默忍受了多大的痛苦啊
  - 给予帮助
    - 你不是想学烤蛋糕吗？咱们去买材料吧
    - 你不喜欢人多，那你愿意请好朋友来家里过生日吗
    - 妈妈有个朋友学心理学的，你愿意和她聊聊吗

委屈：孩子被冤枉、被误会

被老师错怪了，被好朋友误会了，被同学冤枉了……孩子会非常委屈，气得独自掉眼泪，或者很生气地要找对方理论，甚至被气出内伤。作为父母，应该怎么回应？

情景回放

孩子放学回来就闷闷不乐，问他咋了，一开始不说话，后来就开始吧嗒吧嗒掉眼泪，还是不肯说。我跟他说："你遇到啥事了，跟妈妈说，妈妈保证给你撑腰。"他才一边哭一边说，自习课上，后面的同学让他帮忙捡橡皮，老师发现他往后扭头说话，就批评了他。看着孩子委屈的样子，我在想有没有必要找老师澄清一下。

——三年级跃涛妈妈

诊断小档案

孩子为什么会感觉委屈？

- 觉得自己做的事情是正确的
- 认为别人误解了自己的用意
- 感觉自尊心受到伤害
- 情绪敏感脆弱，对小事情反应强烈

千万不要这么说

质问/怪罪

“抽屉里的钱，到底是不是你拿的？你可别撒谎！”

“同学说你在背后说他坏话，你到底说了没有？”

“人家说监控里只有你在那晃悠，那车不是你划的还能有谁？”

“也不能怪老师冤枉你，你这么做确实容易让老师误会。”

“早就说不让你和他玩，你偏要和他玩，现在好了吧？”

内心出现“黑洞”：父母的不信任，会在孩子的心灵上留下难以修复的伤痕，同时造成亲子之间的隔阂。从小不被信任的孩子长大后，有的说：“那种感觉超级悲伤，非常绝望。”有的说：“对家没有多少归属感，小时候想逃离，长大后不想回去。”还有的说：“觉得很孤独，觉得只有自己在对抗全世界。”

恼羞成怒：质问就是不信任。本来被冤枉就已经很难过了，如果父母再用不信任的语气质问孩子、怪罪孩子，孩子会感到无奈、生气，更加委屈，甚至恼羞成怒，选择极端的行为来自证清白。

轻描淡写/不耐烦

“被老师批评一下有啥？再说，就算是同桌问你题，你们也是说话了。”

“行了，别难过了。公共汽车上有很多人，司机没看到你刷卡也正常。”

心里更堵：当孩子因为被冤枉而难过的时候，你却在指责他不够大气，不该生气，他就会非常困惑、愤怒。这就像你一个人辛辛苦苦带娃，向朋友倾诉辛苦，朋友却说：“这没什么，当妈妈都这样。”“行了，再熬两年就好了。”你的心里是不是更堵得慌了？

不相信自己的感受：父母不肯接纳孩子的感受，也是在暗示孩子不要去了解自己的感受，不相信自己的感受。

这样说会更好

表达信任

当孩子一肚子委屈，说自己被冤枉了，父母一定要表达信任，和孩子站在一起。这个时候，父母如果再不信任孩子，就会让孩子更加痛苦无助。父母千万不要质疑孩子，更不要指责孩子，而是要对孩子说相信他。只有信任，才能化解孩子内心的委屈，也才能让孩子拥有面对不公的底气，学会保护自己。

引导孩子讲清来龙去脉

等到孩子的情绪平静下来，父母可以和孩子沟通，问孩子“为什么感到委屈”，让孩子讲清楚事情的来龙去脉。同时，父母还要让孩子表达清楚自己的感受，比如，“你同学觉得你看不起他，你是认为他错怪你了吗”。仔细聆听后父母才能进一步了解孩子在想什么，才能更好地对症下药。

告诉孩子应对的方法和策略

父母可以鼓励孩子自己去解决问题，但是应该告诉孩子方法和策略。父母要告诉孩子，被冤枉后不能只是着急和哭，而是应该调整好心态，向对方表示“我没有做”“不是我”。如果受到别人的质疑，孩子还可以反问对方，“你凭什么这么说我”“你有什么证据”。然后，孩子应该积极地想办法来证明自己的清白。

如果孩子遭到的是老师的误解，不要当场顶撞老师，而是应该在事后找机会向老师解释清楚。

孩子遇到自己无法解决或者处理不了的事情，要学会向父母或老师求助，讲清楚发生了什么事情，对自己产生了哪些影响，比如，“同学的书丢了，他认为是我拿走的，我说我没拿，他还骂我”，等等，方便父母或老师采取下一步措施。

还孩子清白

如果孩子的确是被冤枉的，尤其是一些原则性的问题。比如，孩子被冤枉偷东西，孩子受到不公正的对待，父母一定要替孩子撑腰，搜集证据，还孩子清白。

哪怕是父母看起来不那么重要的事，也要给孩子一个交代。比如，孩子在学校被老师、同学误会，父母要做好沟通，帮孩子澄清事实。

让孩子了解自己为什么被误会

很多误会也和孩子的行为有关，父母要引导孩子换位思考，明白自己为什么被误会。比如，孩子在考试时找同学借笔，被老师误会在作弊。父母可以和孩子说："如果你是老师，看到两个同学在考场上说话，是不是也会认为他们在作弊？""考场规定不允许交头接耳，如果老师不惩罚你，下次大家都这样做可怎么办呢？"当孩子理解了对方，就会反思和调整自己的行为。

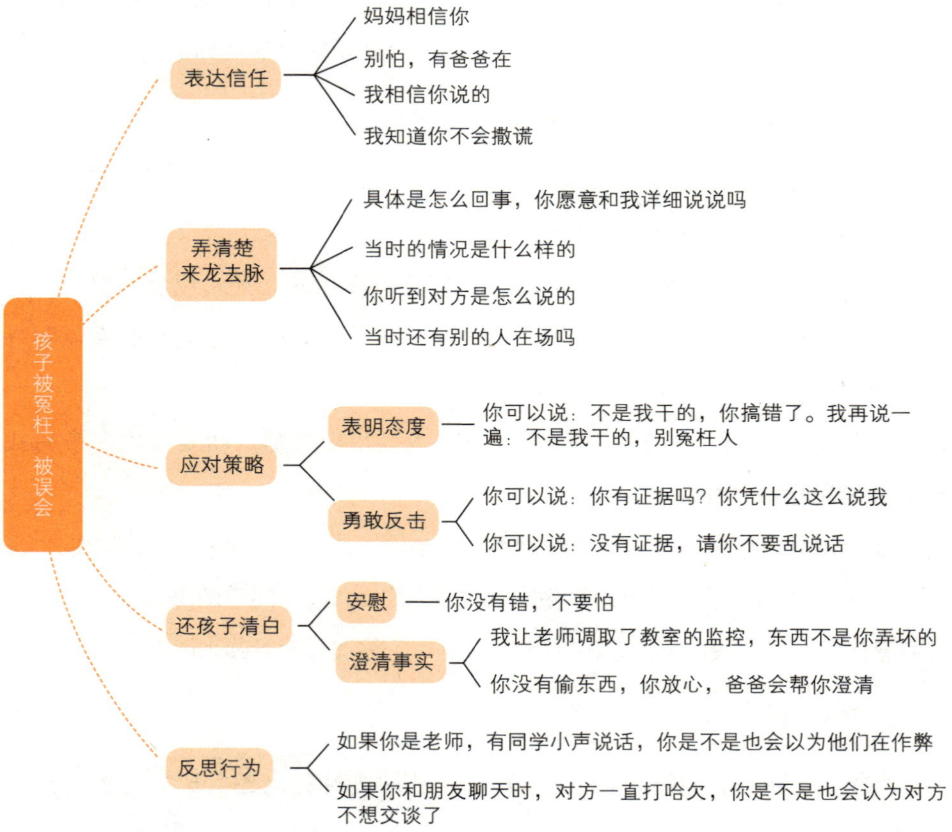